だいわ文庫

モラル・ハラスメントの心理

加藤諦三

大和書房

はしがき

最も望ましい親は子どもを愛している親である。

次は子どもを愛していないが、そのことを知っている親である。

最悪は子どもを愛していないのに、愛していると思っている親である。

最悪よりもっと酷いのは、子どもを情緒的に虐待しながら、子どもを愛していると信じこんでいる親である。彼らは、自分は子どもを愛している「愛の人」と思っているが、実はサディストである。

それは著名な社会心理学者エーリッヒ・フロムのいう好意的サディストである。数々の名著のある精神科医カレン・ホルナイのいうサディズム的愛（註1）である。そんな親が今の日本にはたくさんいる。

そしてこれは親子関係ばかりでなく、夫婦関係でも同じことである。職場にもいる。公の場にもいる。

それがこの本でいうモラル・ハラスメントである。彼らが持ち出してくる言葉は、つねに「あなたのため」というモラルである。

この「あなたのため」という言葉は相手の心を縛り、相手を支配するための言葉である。それは相手の心にかける手錠である。

モラル・ハラスメントをする人は、この「あなたのため」というモラルにしがみつく。「家族のため」というモラルにしがみつくサディストの親がいる。同じように「あなたのため」というモラルにしがみつく多くの人々が、職場にも学校にも公共の場にもいる。

モラル・ハラスメントをする人は、自分は素晴しいことをしているつもりで、実は相手の心を引き裂いている。自分の中のサディズム的衝動を満足させつつ、自分は聖人だと思っている。

モラル・ハラスメントをする人は、自分が「愛」と思いこんでいたのは、サディズムが変装した姿であると理解できない。自分は相手を愛しているのではなく、相手をサディズムで支配していたのだということが理解できない。

母親にしろ、父親にしろ、上司にしろ、夫にしろ、妻にしろ、実は自分が自分自身に絶望して、相手を強迫的に理想の人間に変えようとしただけなのである。

分かりにくいのは、彼らのサディズムが巧妙に弱さに変装している時である。例えば、

「私さえ犠牲になれば、それでよいのね」という言葉。

サディズムがサディズムとして現れた時には、問題は明解である。しかし、サディズムがモラルに変装して現れた時には、問題は深刻である。

そして加害者にも、被害者にも、第三者にもそれと理解できない。だから彼らは今の日本を、多くの人が気がつかないうちにシロアリのように腐食しつつある。

今の日本は経済的なことで崩壊したり、外国からの攻撃で崩壊する可能性は比較的に少ない。それよりもモラルの仮面を被ったサディストの浸食によって、内部から崩壊する可能性のほうがはるかに大きい。

フロムは、はじめに述べたような親について、彼らは「徳というマスク」を被って、子どもに生きることがイヤになるように教えている、(註2)と述べている。

日本の今の子どもは元気がない。生きることがイヤなのである。

加《か》藤《とう》諦《たい》三《ぞう》

モラル・ハラスメントの心理

［目　次］

はしがき——3

序章　モラル・ハラスメントの現実

「美徳による支配」とはどういうことか——16
自分の感情が分からなくなる——18
なぜ、分かりにくい人間関係なのか——20
「燃えつき症候群」の底にあるもの——21
深刻な劣等感はどこからくるのか——24
モラハラの被害者は欲求がなくなる——26
「親子の役割逆転」に要注意——27
喧嘩にならない喧嘩——29
相手に罪の意識を要求する人——31
愛の言葉の裏に攻撃性が隠れている——32
モラハラの被害者に必要とされるもの——33
加害者の無自覚と執着——35

第Ⅰ章　モラル・ハラスメントによる悲劇

見せかけの愛は恐い――40
「感情習慣病」は心に悪い――42
親になっても依存症が残っている人――44
モラルで相手を縛る――46
モラハラで楽しむ能力を失う――48
「憎しみは変装がうまい」――50
「心の眼」で見る習慣をつける――51
モラハラによる絶望感は深い――54
理解できない事件の裏に潜むもの――55
心理的に大人になれない悲劇――57
偽りの愛に気づかないと罠にはまる――59
自分の心を癒すために相手が必要――61
見せかけの好意の正体――63
ピーターパン症候群の若者を生み出す母親――64
子どもの挫折がどうしても理解できない――67
自分を子どもに売り込む親は最低――69
過去を持ち出して二重に脅す――71

第2章 モラル・ハラスメントの特徴

他人の不幸を喜ぶ人――74
「好意の仮面」を被って人に絡む――76
モラハラはなぜ分かりにくいか――78
マイナスの感情で人を操る――79
依存心の強さと愛の強さを錯覚するな――82
心理的におぼれかかっている親――83
モラハラの親は子どもを誉めない――85
不安から逃れたいだけの心理――88
自分に絶望しているモラハラの加害者――90
「あなたのため」という言葉の恐さ――92
好意の売り込みというタイプ――95
モラハラの加害者と被害者の見分け方――97
心の世界には「冤罪」が多い――99
夫を二重に束縛する妻――100
自分の意志さえ奪われるモラハラの被害者――103
加害者は心理的に弱い人――105
無意識に取引する――107
「厳しい躾はあなたのため」は嘘――109

いつも叱る親はストレスが強い——111
本当の躾とそうでない躾の見分け方——112
美徳を楯にいじめられた人の心理——114
正義で悩みは解決しない——116
モラハラは矛盾した要求をする——118
錯覚を自覚することが人生のスタート——120

第3章 モラル・ハラスメントの心理的罠

感情的恐喝という手段——124
騙されたと気づいた時はもう遅い——126
ずるい人は立派な言葉を使う——128
愛のラッパを吹きながら搾取する——131
善人の顔をした悪人に注意しよう——133
突然、猫なで声を怒鳴り声に変える——135
サディストは自分の願望に気づかない——137
美徳を振り回して周囲を傷つける——140
「人間は皆同じだ」は間違った教え——142
なぜ犠牲を強いる側が良識を持ち出すのか——144

騙しの手口に引っかかるのはなぜか——146
加害者が被害者を必要とするモラハラの心理——149
親切とは、人から要求されるものではない——151
心理的に不安な人の攻撃性は分かりにくい——153
依頼人を逆に攻撃する弁護士——154
敵意をストレートに表現する人は救われる——157
いい人を演じるデメリット——159
ずるさは弱さに敏感である——161
モラハラの被害者は心理的に満身創痍——163
いつも不安な余裕のなさが悲劇を招く——165
ネクロフィラスな傾向の危険性——166
モラハラに加害者意識はない——168
被害者も気づかないまま追いつめられる——169

第4章 モラル・ハラスメントはなぜ危険なのか

なぜモラハラに抗議できないのか——172
生きるエネルギーを理不尽に奪われる——175
怒りを向ける対象がないと心は弱くなる——176

被害者なのに周囲の理解を得られない――179
ネチネチといじめて相手を放さない――182
恩着せがましさは愛情の押し売り――184
搾取と被搾取の関係は簡単に崩れない――186
相手を不安にさせてからつけ込んでくる――188
憎しみを抱きつつ黙るしかない心理――189
毒のある人にどう対処するのか――191
感謝されたいために不安を煽る――195
他人をいじめて自分の心の葛藤を解決する――196
「私が悪い」と思ってしまう被害者の心理――198
自分が地獄にいるのも自分のせい？――201
真実を隠すために使われる言葉――202
「仲良くしよう」は対等な関係でのみ成立する――205
親切がいつもよいこととは限らない――207
相手の心に「美徳」という手錠をかける――210
従順には無責任感が伴う――212
いじめることでしか他人とかかわれない――214
無意識の中に憎しみがある場合――215
加害者は「孤独なナルシスト」――218
なぜギャンブル依存症の夫をかばうのか――219

第5章 モラル・ハラスメントとの戦い方

真面目だけど弱い被害者たち――224
戦わない人には本音がない――225
信頼関係がないとありのままの感情は出せない――227
逃げるべき時はすぐ逃げる――230
一番稼いでいるのに家を持っていない理由――232
人は戦うことで自分を変えられる――234
否定的な過去を清算する方法――235
もっとも怖ろしいのは「恐怖感依存症」――237
加害者には人を愛する能力がないと知れ――240
被害者も加害者にしがみついている――242
心の自分史を見つめ直すことでモラハラから抜け出せる――244

文庫版へのあとがき――247

註――250

モラル・ハラスメントの心理

序章

モラル・ハラスメントの現実

「美徳による支配」とはどういうことか

人間関係には分かりやすい人間関係と分かりにくい人間関係がある。

何か疲れる人というのがいる。何も失礼なことをしていない。「お前はバカだ」というような失礼なことを何も言っていない。頭にくることは言っていない。むしろ、言葉は丁寧で思いやりがある。

しかし、なんだか分からないけど、心の中に不愉快な感情を誘発される。

そういう人は決して相手に直接的な攻撃をしていない。しかし、裏に隠されているメッセージは批判、攻撃、要求なのである。それは間接的攻撃性と言ってもよいし、防衛的攻撃性と言ってもよい。

「あなたさえ幸せなら、私はそれでいいの」と言っている。しかし、その言葉で相手の心を束縛する。この言葉で相手の心に手錠をかける。さらにその奥には敵意が隠されている。

表の言葉は、「あなたさえ幸せならば、私はそれでいいの」である。しかし、その裏に隠れている意味は、「私さえ幸せならば、あなたはどうなってもいいの」である。

だが、言うほうも言われるほうも、そのことに気がついていない。気がついていないけれども、何となく相手に素直になれない。相手といると、なぜか気が重い。

この本のテーマである「美徳による支配」とは、そういうことである。美徳を掲げて相手の心を束縛する。

束縛されているほうは、相手から攻撃されているのだが抗議しにくい。

「はしがき」でも触れたが、それはフロムのいう好意的サディズムである。カレン・ホルナイのいうサディズム的愛である。それは隠されたサディズムである。

これが、この本で説明するモラル・ハラスメントである。この本の中で特に何の説明もなしにモラル・ハラスメントと書いた時には、それは迎合的パーソナリティーの人のモラル・ハラスメントである。

つまり自分の中の敵意や攻撃性を隠して、相手を束縛し、いじめようとする時のハラスメントである。美徳による支配である。

攻撃的パーソナリティーの人のモラル・ハラスメントは相手を直接攻撃する。したがって誰にも分かりやすい。強い人なら戦える。

美徳による支配は敵意が隠されていて、外から見て分かりにくい。

この本で、それをモラル・ハラスメントの本質的な要素としている。

美徳による支配は、反論できないが、支配されている人の心の中には不快感が残る。好意的サディストの親は、子どもをいじめているけれども、その子どもから立派な人と思ってもらいたい。夫婦関係でも、職場の上司と部下との関係でも同じである。そうなれば、ネチネチとした美徳による支配にならざるを得ない。

要するに、この本のテーマは「見えない束縛」である。眼に見えない「心の手錠」である。

自分の感情が分からなくなる

親孝行は美徳である。親が直接子どもに「もっと親孝行しろ！　親を大切にしろ！　お前は親不孝者だ！　罰が当たるぞ！」と言う場合は、支配や束縛が眼に見えている。誰にも分かりやすい。直接、こう言えるのは親が攻撃的パーソナリティーの人である。

しかし、迎合的パーソナリティーの人などは、直接このようには言えない。そこでサディズム的愛が始まる。言葉では、「お前は自由でいいんだぞ、俺はどうだっていい」と言う。しかし、非言語的メッセージとしては、「絶対に俺の世話をしろ、俺が頼むからではなく、お前が親孝行したいから親孝行をしろ、俺から離れることは許さない」。

自己犠牲的献身は強度の依存心であるというのは、アメリカの精神科医フリーダ・フロム・ライヒマンの名言である。相手に尽くしているようであるが、実は相手を縛っている。相手に献身しているようであるが、実は相手を死なしている。

縛られたほう、束縛されたほうは、自由になろうとすれば、なぜか自分は許されない存在だと思ってしまう。そして自由になることに罪の意識を持つ。蝶が蜘蛛の巣に絡まれてしまったようになる。バタバタするが、どうにもならない。

相手に罪の意識を持たせることが、この本でいうモラル・ハラスメントの加害者の狙いなのである。そこで束縛されたほうは、自分という存在に負い目を持ってしまう。そしてなぜか怯えて生きる。

いつも裏のメッセージとして脅されているから、びくびくしている。心も体も縮こまっている。なぜか分からないけど、伸び伸びとした気持ちにはなれない。何かスッキリとしない。

恩着せがましい人も同じことである。惨めさを誇示することで、相手に罪の意識を要求する。相手は、自分という存在に負い目を持ち、怖れて生きるようになる。

そうなると、その人は不快感を持ちながら、いつもびくびくして生きている。機嫌よくなろうとしても機嫌よくなれない。何か心が重い。

つまり、モラル・ハラスメントの被害者は嫌いな人に束縛されて生きている。「嫌い」といっても多くの場合、無意識である。意識の上で好きな人が、無意識では嫌いである。心の底で嫌いな人から、心に手錠をかけられて振り回されて生きている人がいる。長いこと心に手錠をかけられていると、自分でも自分の感情が分からなくなる。

それは何が好きなのか、何が嫌いなのかも分からない人である。それが「したい」のか「したくない」のかも分からない。最後には訳が分からなくなって、息をするのも辛いと感じるようになる。

なぜ、分かりにくい人間関係なのか

敵意に満ちた顔で、「私はあなたが嫌いだ」と言うのは分かりやすい人間関係である。直接的である。言っているほうも直接的であるが、同時に相手も反撃できる。「私だって、あなたなんか嫌いよ」と言える。

しかし「私は、ただあなたに幸せになってもらいたいだけなのよ」と言われたら、「私だってあなたなんか嫌いよ」と言えない。

愛を強調することで相手を束縛しようとしている場合には、分かりにくい人間関係になる。「私を愛して、捨てないで！」と言うのは分かりやすい人間関係である。しかし、肩を落としてメソメソ泣きながら「私に死ねというのね」と言う女性がいる。そして、「私はどうだっていいのです」とつけ加える。

これは感情的恐喝である。しかし、恐喝していることは隠されている。自分の惨めさを強調する裏で相手を攻撃している。自分が「死ぬほど苦しい」と訴えているのは、「もっと愛して」という意味である。神経症者は「もっと愛してほしい」と言わない。

しかし、相手に対する攻撃性が裏に隠されている。分かりにくい人間関係である。

ピストルを突きつけて脅すのは分かりやすい人間関係であるが、「私に死ねというのね」という脅しは分かりにくい人間関係である。

「燃えつき症候群」の底にあるもの

いじめでも分かりやすいいじめと、分かりにくいいじめとある。

ある四〇歳の母親である。小学校六年間、いじめられて育った。

ただ、そのいじめは分かりやすいいじめである。トイレに入っていると上から水をかけられた。クラス全員に無視された。

一六歳ではじめて家出をする。自分のしていることは本人にもまわりの人にも分かりやすい。すべてが表に出ている。

彼女は悪かったので、親からは殴られた。家出を繰り返した。バイクを盗む。警察につかまる。親は迎えに来てもくれない。親は警察に「放っといてくれ」と言う。

彼女は悪《わる》を見て、見習った。すると、その先輩から、殴られ、蹴られた。

「あー、こうやっていくのかと思った」と彼女は言った。「とにかく自分が強いんだ」ということを示さなければ生きていけないと思った。

こう読むと、これは特別な子どもではないかと思うかもしれない。たしかに、肉体的ないじめを考えると特別なケースかもしれない。

しかし、情緒的に考えると別に特別なケースではない。同じようにいじめられている子はたくさんいる。しかし、いじめが隠されている。

美徳で縛られているほうも「とにかく強くなろう」と思う。それがスーパーマン願望であり、エリート・コース願望である。その結果が燃え尽き症候群であり、過労死であり、仕事依存症であり、権力依存症等々である。

この突っ張っている女の子の力に対する願望は、有名企業でエリート・コースを歩むビジネスパーソンの願望とまったく同じである。エリート・コースを歩むビジネスパーソンも、「とにかく自分は優れている」ということを示さなければいけないと思っている。

要するに家出を繰り返すほうは「自分はおかしい」と分かっているが、強迫的にエリート・コースを歩むほうは「自分はおかしい」と分かっていない。

家出をした彼女は、ある時に「これだ」と思った。強迫的にエリート・コースを歩むほうも、どこかで「これだ」と思っている。その「これ」が違うだけのことである。それは大プロジェクトが成功した時かもしれない。

彼女はわざわざよその中学に行く。「私は強いのよ」と示したかった。とにかく自分の名前を売ろうとした。がむしゃらだった。ピアスをつけた。耳に穴を開けた。「私にしかできないだろう」と示したかった。悩む暇がなかった。眼から出血するまで先生からも殴られた。小学校の時にすでに自殺を考えるまで頑張った。

彼女は攻撃的で、歪《ゆが》んでいる。しかし、ひねくれてはいない。親から殴られた彼女は、いじめが隠されていない。しかし、愛の仮面を被った親のモラル・ハラスメントは隠れている。

モラル・ハラスメントでいじめられているほうも、自分はいじめられていると理解できない。いじめているほうも、自分はいじめていると理解していない。

だけど、何か変だと感じている。どうしてか分からないが、心は落ち着かない。穏やかな気持ちになれない。どこにいても、「こんなことをしていられない」と焦っている。

深刻な劣等感はどこからくるのか

原因は「隠されたサディズム」にいじめられていることである。先に書いたようにフロムの好意的サディズムという言葉がある。カレン・ホルナイのサディズム的愛という言葉がある。サディストでありながら、愛の仮面を被っている。いじめている本人も意識の上では好意だが、無意識の目的はいじめである。

こうした場合には、隠された真の動機はすべて憎しみである。隠されているけれども、効果は同じに現れる。症状は違う。

隠されていないほうの子どもは非行に走るし、派手に喧嘩をする。隠されているほうは一生懸命勉強する。塾に行く、予備校に行く。

しかし、よい成績を上げなければ、自分は価値がないという自己イメージを持っている。

いつも、「お前はこれができなければ価値がない」と脅されている。

「愛のない家庭」で育てば誰でもこうなる。つまり、劣等感を持つ。深刻な劣等感の原因は、家庭である。「愛のない家庭」といっても、表面的には違う。正確には憎しみが愛という仮面を被って出てきている家庭という意味である。社会的に名門の家庭であろうがなかろうが同じである。

家出した彼女は、虐待されても「仕方がないかな」と思ったという。両者に共通しているのは深刻な劣等感。その原因は親の憎しみと無関心。

家出したほうは、「私はいらない人間ではないのか」と時々思う。薬で意識不明になったことがある。ただ、お婆ちゃんは好きだった。「おんぶ」されたことがある。それが記憶にある。家ではお婆ちゃんと遊んでいた。

その大好きなお婆ちゃんが、早く死んでしまうと彼女は思わなかった。そして誰も自分を守ってくれないと思った時に、優越しなければと彼女は思う。

すべての人が自分の敵と思って神経症的競争をする人も同じ。誰も自分を守ってくれないと思うから、自分と周囲とが敵対していると考える。

モラハラの被害者は欲求がなくなる

人を縛る場合に、肉体的に縛る場合の他には、美徳や理想で縛る場合がある。あるいは不快感情で縛る場合がある。不快な感情で縛る場合には、心理療法の交流分析でラケットという。

簡単に言えば、男をあやつる女の涙である。いつも、いつも男をあやつるのに涙を使うようになった時に、それはラケットであろう。

前述のように、慢性的でステレオタイプの不快感情をラケットと呼んでいる。そして、これには人を変えようとする意図が隠されているという。ラケットは不快な感情を使って相手に罪の意識を持たせる。

例えば、ひどくみじめな様子をする。すると、他人が自分の思うように動く。メソメソ泣いて相手の同情や注目を集める。ずるい女性が優秀な男性を狙った時には、これを使って男性を落とす。

哀れさを誇示した時には二つある。一つは敵意の間接的表現。もう一つは「ちょうだい、ちょうだい」と、人から取ろうとしている時である。憂うつな顔をしている、淋しそうにしている、そうすると、同情や注目を集められる。

モラル・ハラスメントをする親は、子どもの悪い成績に深い失望のため息をつく。何もしないのに子どもに対する最悪の脅迫になる。あんたがしたことはこれほどひどいと相手を脅迫している。

このような脅迫をする人は、自分が自分にとって頼りない人である。はっきりと自分の考えを人に言える人は、このような慢性的な不快感情に浸っている必要はない。

モラル・ハラスメントの加害者は心理的には弱い人である。逆にこうして脅迫されたほうは心が崩壊する。自分が自分でも分からなくなる。恐怖感を持つが、欲求は摩滅する。人の顔色ばかりうかがって、びくびく生きるようになる。

「親子の役割逆転」に要注意

「お前は何時も親不孝だった。二〇年間育ててやったのだから、感謝しろ。お前が働いてくれなければ、お母さんやお父さんの老後はどうなるのだ」。いつもそうして責められていた人がいる。

「親孝行、親孝行、感謝しろ、感謝しろ、お前は世間にみっともない、有名になれ、こう連発されて、私はノイローゼになりました」と言えば、多くの人は「それはそうでしょう」と理解する。「親のためにすべてを捨てろ」と言われた人がノイローゼになった。それは誰もが理解する。

しかし、親は「あなたさえ幸せなら私はどうでもいいの、私のことは気にしないで」と言っていた。そう言われて、子どもはノイローゼになった。これでは多くの人は理解しない。逆に、あの子は身勝手な子どもだと言うだろう。

親のモラル・ハラスメントでいじめられながら、世の中からは親不孝と言われる。これが本当に不幸な人である。

茶碗を割る。「気をつけろ!」と言えば、誰にでも分かる。しかし、「なぜ茶碗を割るの?」と言う人がいる。こういう人は、茶碗を割ったことと直接関係ない怨み言を延々と言い出す。躾《しつけ》とか、教育という美徳が仮面を被って出てくる。甘えも教育という仮面を被って出てくる。

それがイギリスの精神科医ジョン・ボールビーのいう「親子の役割逆転」でもある。要するに、親が子どもに間接的に甘えているのである。直接甘えられたほうが、まだ子どもは楽である。

喧嘩にならない喧嘩

いじめを正当化する。それがモラル・ハラスメントである。「あなたに幸せになってほしいから」と言って、相手に絡んでいく、相手の行動を束縛する。

母親が母親らしさを強調して子どもを縛る支配的な母親の愛情。あるいは貢ぐタイプの女性。愛を強調することで、相手を束縛しようとしている。

ニューヨークの心理療法家ロロ・メイは、「権力意志の人間」について次のように書いている。

「他人の身になって心配することはしないがつねに他人の面倒はよくみることができたし、心以外なら金銭もどしどし与えることができ（註3）」た。

とにかくこういう人々は、要求の仕方が間接的である。モラル・ハラスメントは美徳による支配だから、喧嘩にならない。

喧嘩にならない喧嘩がモラル・ハラスメントである。

「そうですか？」「そうとってしまうのですね」と言われる。喧嘩ができない。

親が子どもに「好きにしなさい。自分で考えなさい」と言う。しかし、非言語的メッセージとしては「勉強しなさい」である。

子どもはしかたなく勉強する。すると後で母親に、「遊んでくればよかったのに」と言われる。子どもは不満だけれども母親に噛《か》みつけない。何となく不愉快である。母親は責任を逃れている。

言葉として「好きにしなさい」と言いながら、非言語的なメッセージとしては「勉強しなさい」である。どっちに転んでも親に責任はない。

母親は子どもからの非難が恐いから、非言語的メッセージとして「勉強しなさい」と言い、子どもが勉強した後で「遊びに行けばよかったのに」と言う。親の偽善である。親がその時その時で立場を変える。だから喧嘩にならない喧嘩しかできない。

先に小学校六年間いじめられて育った母親の例を出した。彼女の夫も父親から虐待されていた。夫婦そろって虐待されている。このケースでは物事がはっきりとしている。

お互いにひねくれている。傷を持ったもの同士である。夫婦で顔を合わすと喧嘩する。子どものほうも、怒ると母親の首を絞める。すべてが表に出ていて分かりやすい。

しかし、モラル・ハラスメントをする母親のすることは表面的には分かりにくい。いい顔をしながら、裏でいじめているからである。

喧嘩は喧嘩、仲良しは仲良し。それが健全。それが本当の親子関係。偽善の関係では、不満な時に満足している顔をしている。最後には一番弱いところに責任がくる。

親に「勉強しなさい」と言われれば、子どもは「イヤだ」と言える。したがって、これはモラル・ハラスメントにはならない。その点、悪態をついていられる子は幸せである。

モラル・ハラスメントの場合には「イヤ」と言えないから、喧嘩にならない喧嘩をする。何か母親を批判しようとすれば「お母さんが謝ればいいの？」と言われる。そう言われれば、子どもはお母さんを責められない。

モラル・ハラスメントをする親はずるい。そのずるさで子どもは心理的におかしくなる。子どもは幸せなはずなのに、どうしても幸せな気持ちになれない。

相手に罪の意識を要求する人

不動産屋が売れない土地を売ろうとする。隣の家の一部を壊せば売れる。

そうなると「お隣同士仲良く、それだけが私の願いです」と言って、隣の家を壊して土地を売る。自分の家が壊されるのを嫌がると、「お隣同士仲良くできないですか」という感情的恐喝が始まる。

感情的恐喝も相手に罪の意識を要求する。被害者は「私は他人の不幸に責任がある」と思わされていく。そして感情的恐喝をした側は、相手の罪の意識を利用して自分の不当な利益を得ていく。

感情的恐喝もエスカレートする。初めはお宅の家の塀を一メートルだけ壊させてくれと言う。それが最後は敷地全部を壊すことになる。

その一メートルを断った人には、「たった一メートルも駄目ですか」という感情的恐喝をする。そして感情的恐喝を受けた人は、断っても、不当な要求を受け入れても、何とも言えない不愉快な気持ちに襲われる。

感情的恐喝は、相手に罪の意識を持たせると同時に、不愉快な気持ちを誘発する。この問題は本文中で具体的に説明する。

これをいつもやられていると、やはり生きるエネルギーを削がれる。何もかもがイヤになる。

愛の言葉の裏に攻撃性が隠れている

この本でいうモラル・ハラスメントというのは、本質的に愛の言葉を持ち出して相手を支配することである。この本では好意的サディズム、感情的恐喝、サディズム的愛、神経症的愛情欲求など、すべてを含めてモラル・ハラスメントと呼んでいる。

そして、この本でいうモラル・ハラスメントは防衛的攻撃性である。表はモラルであるが、攻撃性が裏に隠されている。本質的には攻撃性でサディズムであるが、表面的には愛である。

カレン・ホルナイは、サディズムは攻撃的パーソナリティーでは顕著に表れるが、迎合的パーソナリティーの人の場合には狡猾《こうかつ》に表れるといっている。(註4) 見事な洞察としか言いようがない。

この本では、モラル・ハラスメントといっても、主としてこの狡猾に表れるサディズムを取り扱っている。

モラハラの被害者に必要とされるもの

ただ、分かりにくいいじめと分かりやすいいじめとは、対処においてはそれほど大きくは違わない。まず、とにかく「今日までいじめと戦った自分はすごい」ということを認めることである。

さらに自分が守るものと捨てるものを分ける。例えば、夫がモラル・ハラスメントの加害者であり、自分が被害者であるとする。自分は何を守ろうとしているのかを考える。

もし、モラル・ハラスメントの加害者である夫と離婚できないとする。そしたら、この夫と一緒にいることの何が捨てられないのかを考える。また、それをなぜ捨てられないのかを考える。そう考えると自分が見えてくる。

よくモラル・ハラスメントの被害者は、「離婚の話をすると夫は暴れるから恐い」と言う。しかし、「刺されたら、こっちが刺し殺して自分も死んでやる」と覚悟を決めれば、今まで自分が言ってきたことは単なる言い訳であることが分かってくる。

モラル・ハラスメントの夫に脅されたら、「アンタが死んでくれ」と言って包丁を突き立てればよい。モラル・ハラスメントの夫は、今までと打って変わって脅えた子羊になる。

また、よくモラル・ハラスメントの被害者は「もう死んでいい」と言う。しかし、その言葉の意味は、「誰か、助けてくれ。救い上げてくれ」という意味である。

人一倍生きたいと思っている人が「もう死んでいい」と言う。だから、モラル・ハラスメントの被害者は「私は、生きたい」。これを認める。

とにかくモラル・ハラスメントの被害者は、自分が結婚していようがしていまいが、親子だろうが何だろうが、「とにかく別れる、とにかく離れる」と決心することが大切である。

離れられない場合には、自分はどのような問題を心に抱えているかを命がけで見つめる。「離婚の話をすると夫は暴れるから恐い」は嘘である。自分の臆病を隠す口実である。

加害者の無自覚と執着

よく何不自由なく「ご立派なご家庭」で育った人が、妻を殴るというような家庭内暴力で社会を驚かすことがある。あるいはエリート・ビジネスマンがうつ病になったり、時にはエリート官僚が自殺したりということがある。

社会が「なんで?」と思うようなことは、たいていその人が成長した家庭でのモラル・ハラスメントが原因である。そういう人々は、よく分からないけど、子どもの頃からいじめられて「心の砦」ができていない。

肉体的虐待の影響は誰にでもよく分かる。しかし、モラル・ハラスメントの影響は隠されている。外から見えない。

外からは立派に見える家庭の中でモラル・ハラスメントは起きる。モラル・ハラスメントの加害者も気がついていないし、モラル・ハラスメントの被害者も社会も気がついていない。しかし「なんで？」ということは私たちの身の回りで、つねに実際に起きている。

モラル・ハラスメントの加害者は、自分は子どもを深く愛していると信じている。しかし、それはカレン・ホルナイのいうサディズム的愛である。

「サディストは愛する相手を奴隷にするために色々な手を使う。それはカップルの神経症的構造による。その結果、虐待される側にとって、その関係が価値あるように見える。そしてパートナーを孤立させる。相手を所有することと貶《けな》すことのプレッシャーを結びつけて、相手を完全な依存状態に追いこむ（註5）」

モラル・ハラスメントをしている本人は、自分がサディストで子どもを、あるいは妻や夫をいじめているとは思ってもみない。自分が子どもや妻や夫に執着し、相手を支配しているとは思ってもみない。

私がこの本でいっているところのモラル・ハラスメントは、パワハラ、セクハラと違うところがある。それは、モラル・ハラスメントは特定の人をつかまえて放さないという点である。

親のいじめ以上にすさまじいいじめはこの世にはない。それだけ子どもはいじめやすいのである。

この本でいっているモラル・ハラスメントとは、基本的に美徳によるいじめである。それは好意的支配でもある。カレン・ホルナイのいうサディズム的愛である。サディストは愛する相手を奴隷にするために色々な手を使う。

フランスの精神科医マリー＝フランス・イルゴイエンヌ著『モラル・ハラスメント』の中のモラル・ハラスメントという意味は、パワハラ、セクハラをも含めて、その上位概念である。それらをすべて含む意味である。

私がこの本で使っているモラル・ハラスメントという言葉は、あくまでもモラルによるハラスメントである。あくまでも美徳による支配のことである。

第I章

モラル・ハラスメントによる悲劇

見せかけの愛は恐い

親が子どもを心理的に縛って自立させない場合がある。自分から離れることを子どもが罪の意識を持つように操作する。罪の意識で子どもを縛る。

なぜ、子どもの心を縛るのか？　その原因は親の強度の依存心である。

「あなたさえ幸せなら、お母さんはそれでいいの」

これは表面的には愛情の言葉であるが、隠された内容は束縛の言葉である。

これが、この本でいうモラル・ハラスメントである。フロムのいう好意的サディズムであり、カレン・ホルナイのいうサディズム的愛である。

私はこういう人たちを隠れたサディストと呼んでいる。隠れたサディストは、シロアリが家を傾かせていくように、今の日本の社会を傾かせていく。

こういう人のエネルギーは他者に対する関心を持った生産的エネルギーではない。共同体に対する帰属意識を持った人の義務責任感ではない。つまり、裏に冷酷なまでの利己主義を含んだものである。

この「愛情溢《あふ》れる言葉」の裏には隠された憎しみがある。こうした正義の名による支配は、テロリストの憎しみにも通じる。

要するに、こういうことを言う母親はサディストである。言葉は美徳であるがサディズムが隠されているだけである。

モラル・ハラスメントをする人は力を求めている。愛を語りながら間接的に相手を攻撃している。こういう場合には、カレン・ホルナイにいわせれば、愛はサディズムの口実である。(註6)

相手を支配するための口実として「愛」を言っているだけである。相手を自分の奴隷にするための言葉である。

それよりもさらに困ったことは、その口実が無意識であるということである。つまり、愛を口実にして子どもを奴隷にしているのに、親のほうはそれすらも意識していない。

この言葉は他の箇所で色々と解説しているが、それ以外にも次のような問題がある。

この母親の言葉は表面的な意味は別にして、本質的には「私を幸せにして」という子どもへの要求である。

そしてこれは子どもに対して、「あなたはこんなよい母親を持って自分を幸せと思え」という強制でもある。もちろん、これらは母親を父親と言い換えても同じである。

あきらかに相手の心の自由を奪うものである。子どもの心に手錠をかける言葉である。言葉では何も要求していないが、子どもにものすごい要求をしている。

「感情習慣病」は心に悪い

親が子どもに、こうした神経症的要求をしているのがモラル・ハラスメントである。「あなたさえ幸せならお母さんはそれでいいの」という言葉は、ちょっと考えられない言葉である。私は何もいらない。そう言っている。そう言ったが、言われたほうの心は縛られた。心に手錠がかかった。

子どもの表情は幸せではないから、親はこういう言葉を言う。親は心の底で「あなたが不幸であることを知っている」から、この言葉を言う。これは普通の関係なら言わない言葉である。相手の不幸の原因が自分であると無意識では知っている。

普通、自分が楽しければ、相手も楽しいと思う。そして「楽しいね」と言う。

お母さんは子どもが不幸であることを知っている。だから、「私の傍を離れるな」と無意識に感じ、「離れてはいけない」と要求する。

何か身を引かなければならない理由があって、明日、家を出ていく時に「あなたたちが幸せなら」と本当に思っていれば、この種の言葉は言わない。「明日、お母さん、家を出ていく」と言う。

身を引かなければならない理由があったけど、この種の言葉は言えない。こういう言葉を言う親は、どこかで「子どもに自分の傍にいてほしい」。

しかし、そうでも言わないと、この子は離れていく。その子を、このような言葉で引き留める。自分のほうは努力をしないで、子どもを引き留める。

だから、この言葉は子どもには重く感じられる。この言葉は子どもにはやりきれない。このような言葉を聞くと、子どもは生きる気力を失うだろう。

そして、大人になると周囲の人に敵意を持つようになる。それは母親から、こう言われて子どもはいじめられているのだから、母親に敵意を持っておかしくはない。

しかし、罪の意識から、その敵意を抑圧する。こうした隠れたメッセージをつねに受けて育っている子は、大人になっても影響が残る。

いつも楽しくない。いつも人の言葉に脅える。本当に好意ある言葉でもプレッシャーを感じる。相手がプレッシャーをかけていないのに、プレッシャーを感じる。

したがって、誰の言葉でも脅える。好意を持っている人の言葉にも脅える。それがその人の感情の習慣になる。こうなれば、誰といてもリラックスできない。人といても、なぜか不愉快である。生きていることが楽しくない。

私はこれを「感情習慣病」と呼んでいる。体に悪いのは生活習慣であるが、心に悪いのはこうした感情習慣である。

親になっても依存症が残っている人

恋人同士が本気で別れる時には、「あなたさえ幸せであるなら、私はそれでいいの」とは言わない。事情があって、恋人が本気で身を引く時には、こんなことを言わない。

なぜ、こうしたような言葉を相手は言うか？ これを言わないと、相手は自分のことを分かってくれない。親子の場合なら、そうでも言わないと、この子が親から離れていくと感じる。そう感じるから、こうした類《たぐい》の言葉を言う。

本当に身を引く時には決意をしているから、そんなことは言わない。本来身を引く時には相手にくだくだとは言わない。

この言葉を言う母親の心理と恩着せがましさの心理は共通しているところがある。両者の共通性は、「支配の意図と自己不在」である。両者共に相手を自分の思うように操作しようとしている。まさに隠された「支配の意図」を持っている。

そして両者共に自分がない。自己不在。自分で幸せになる力がない。親になってもまだ幼児の頃の強度の依存性を残している。

「私はどうだっていいの」と言う人は、決して「私はどうだってよくない」。本当に「どうだっていいの」なら「私はどうだっていいの」とは言わない。

「私はどうだっていいの」と言う時には、その人は決して相手の自由を許さない。「私はどうだっていいの」という言葉に隠されたメッセージは、「私の期待通りにしろ」という意味である。

言葉は非利己主義であるが、隠されたメッセージは冷酷なまでの利己主義である。カレン・ホルナイが神経症者は冷酷なまでに利己主義か、あまりにも非利己主義であるというが、まさにその通りである。(註7)

彼らはなぜそこまで非利己主義なのか。それは人から利己主義と思われることを怖れているからである。

「私はどっちでもいいんですが、皆さんが」と言う時には、そう言っている人が「どっちでもよくない」。そう言っている人が、人からわがままと思われることを怖れているだけである。そして「皆さんのほうが、どっちでもよい」と言う時が多い。

父親が、「俺はどうだっていいんだ、お前が幸せになるかどうかを俺は考えているのだ」と言う。こういう言い方をするのは、父親が臆病で弱虫だからである。父親は、この言葉で小さい頃の屈辱体験を晴らしているだけである。

父親が息子にこう言った時に、息子が「じゃあ、勉強やめます」と言えば、父親は臆病で弱虫だからパニックになる。

パニックになるのは、もう一つ、「俺はどうだっていいんだ、お前が幸せになるかどうかを俺は考えているのだ」という言葉が憎しみの言葉だからである。

「生への憎しみが徳という仮面を被って登場したのが神経症的非利己主義である(註8)」

生きることへの憎しみが美徳という仮面を被って登場したのが、モラル・ハラスメントの加害者の言葉である。

モラルで相手を縛る

父親が「俺はどうだっていいんだ、お前のことを考えているのだ」と子どもに言った時には、父親は子どものことを考えていない。自分の幸せだけを考えている。

彼が「お前のことを考えている」と言うのは、サディズムを正当化するための口実である。小さい頃の屈辱を晴らそうとしているだけである。臆病で弱虫だから、直接「屈辱を晴らしてやる」と言えないで、「お前のことを考えている」という言葉で、間接的に屈辱を晴らしている。

これがモラル・ハラスメントである。「俺はどうだっていいんだ」というモラルで相手を縛っている。「お前のことを考えている」という口実で相手を奴隷にしている。

「俺はどうだっていいんだ、お前のことを考えているのだ」という言葉は、言語的なメッセージとしては愛であるが、非言語的なメッセージとしては「俺の期待したようにしろ」という強烈な自己執着である。

「俺はどうだっていいんだ、お前のことを考えているのだ」と言う父親は、もちろん神経症的非利己主義者である。そして「非利己主義という正面像の陰には、巧妙にではあるが、強い自己中心性が隠されている」。(註9)

「俺はどうだっていいんだ」としつこく言う人は、それだけ自己中心性が強いということである。強烈な自己中心性の反動形成が「俺はどうだっていいんだ」という叫びである。

モラル・ハラスメントの被害者になるような人は、「俺はどうだっていいんだ」という言葉の後ろに隠された真の動機を理解することができない。

しかし、モラル・ハラスメントの加害者から逃れるためには、この種の言葉の隠された意味を理解することが大切である。それを理解しないから、いつまでもモラル・ハラスメントの餌食《えじき》になる。

モラル・ハラスメントで子どもが心理的におかしくなる時には、さらにこうして父親が子どもをいじめているのを黙って見ている人がいる。母親は、子どもが父親にいじめられているのを知っている。しかし、自分にとって夫との関係が大切だから、見て見ぬふりをする。

モラハラで楽しむ能力を失う

こういうモラル・ハラスメントをする親の子どもは、コミュニケーション能力が破壊されている。それゆえ先にも書いた通り、大人になってもその影響から抜けられない。人から責められないように、いつもびくびくしている。

父親の「俺はどうだっていいんだ」という言語的なメッセージを、そのまま言葉通り受け取らなければ、子どもは罰せられる。非言語的なメッセージとしての自己中心性を認知することは禁じられている。

しかし、コミュニケーション能力とは、相手の非言語的なメッセージを正しく認識することである。こういう親の子どもは、大人になって一生懸命努力しても、なかなか幸せにはなれない。本当に親しい人もなかなかできない。

こういう人は「人を愛する能力、楽しむ能力が麻痺《まひ》している」(註10)。そして、この愛する能力、楽しむ能力が麻痺したところにはサディズムが成長する。

自分の人生に対して、自分自身に対して絶望した時に、「人を殺したい」と思うのは、ある意味で当たり前のことかもしれない。これが社会を驚かす無差別殺人事件であろう。

愛する能力、楽しむ能力が麻痺すれば、何もかもが嫌になってしまう。人が恐い、心の不安な緊張がとれない。何か無性に腹が立つ。楽しむ能力が麻痺しているということは、恋人と一緒にいても楽しくないということである。

うつ病者が楽しいことがないというのも、うつ病者が心の底に恨《うら》みの感情を持っているということである。人は楽しいことがあれば何とか我慢もできるし、やる気も奮い起こせる。しかし、楽しいことがないのに「頑張れ」と言っても頑張れない。

「子どもたちが、自己実現と自己成就の努力において持つフラストレーション以上に恨みに思うものは、人生においてほとんどないからである（註11）」

「憎しみは変装がうまい」

愛する能力、楽しむ能力が麻痺したところにはサディズムが成長するというフロムの指摘は、ロロ・メイも同じように指摘しているところである。

「不安からの逃れ道は、他人を共生的な関係に保っておくだけでなく、他人を支配し、他人に打ち克つことによって、あるいは他人を自分自身の意志に従わせることによって達成できるということである。もしわれわれが、他人を自分自身の意志に従はせる以外に、不安から救はれ得ないとなれば、不安を和らげる方法はどうしても、本質的に攻撃的とならざるを得ない（註12）」

つまり、オウム真理教のようなカルト集団は、最初から本質的に攻撃的であった。

カルト集団が社会的事件を起こすと、「人を救うための宗教集団がなぜ人を殺すのか？」という疑問の声がよく出る。カルト集団のような集団が「人を救う」というのは表面的なことであって、本質は絶望と攻撃性である。

モラル・ハラスメントの加害者も何を言おうと、本質は憎しみと攻撃性である。モラル・ハラスメントの加害者が叫ぶ美徳は憎しみが変装した姿である。オーストリアの精神科医アルフレッド・アドラーがいうごとく、憎しみは変装がうまい。

「心の眼」で見る習慣をつける

モラル・ハラスメントの被害者になりやすい人は、何に注意をしたらよいのか。それは会話の時に、相手の言葉ではなく相手の表情に注意することである。非言語的メッセージに注意を向ける訓練をすることである。

言語的メッセージと非言語的メッセージが矛盾した時には、非言語的メッセージに真実があるのだから。極端に言えば言葉はどうでもよい。相手の言葉は耳ではなく、眼で聞く。そして「この人は、何を言いたいのか?」と考える。

パワハラ、セクハラと、この本でいうモラル・ハラスメントの違うところは、どこか。この本でいうモラル・ハラスメントは特定の人をつかまえて放さない。したがって、夫婦にしろ、親子にしろ、恋人同士にしろ、逃れるためにはエネルギーがいる。

モラル・ハラスメントの被害者から抜け出すためには、「心の眼」でものごとを見る習慣を身につけるしかない。

お母さんがビールを飲みたい。お父さんは買いに行かない。お父さんはビールを飲みたいが、今は疲れていてビールを買いに行くくらいなら飲みたくない。

そこでお父さんはビールを買いに行かない。「僕はいらない」と言った。すると、お母さんは「お父さんが飲まないなら、私は飲まない」と言った。

それを聞いていた自己蔑視《べっし》の子どもがビールを買いに行った。そして翌日、「僕のお父さんは悪いんだよ」と子どもは学校の担任の先生に言った。こういう子がモラル・ハラスメントの被害者になりやすい子である。

お母さんは罪悪感をなくして飲みたいということである。それなら自分で買いに行けばいい。お母さんは、「買いに行くのもイヤだけども、気持ちよく飲みたい」ということである。「だったら、お母さん、飲むな」と子どもは言えばいい。

ずるさは弱さに敏感である。母親ははじめから、子どもに買いに行かせるつもりなのである。

それなら、子どもに直接はっきりと「〇〇ちゃん、買ってきて」と頼めばいい。しかし、それも頼まないで「飲みたい」と言う。

これはずるい母親である。それなのに子どもは「お母さんはかわいそう」と言う。これが「心の眼」で見ないということである。「心の眼」で見るということは、表面的な言動を見るのではなく、その言動をした人の心を見るということである。

こうしていつも間接的にものごとを頼む親がいる。自分はいつもいい顔をして、わがままを通している。ひどい親になると「それ新聞か?」とただの紙を指す。子どもに「新聞持ってきてくれ」という意味である。

感情的に恐喝されたり、モラル・ハラスメントの被害者になったりする人は、「心の眼」でものごとを見ない。表面的な言葉をそのまま受け取る。

子どもは小さい頃から表面的に受け取ることを求められている。つまり、相手の真意を分かってはいけない。それを分かることを禁じられている。

子どもは禁じられている感情を察して行動しなければならない。こうしてコミュニケーション能力がまったくない大人に成長していく。

モラル・ハラスメントの被害者にならないためには、心の眼でものを見る習慣をつけることである。

モラハラによる絶望感は深い

カレン・ホルナイは、知的で、魅力的だが、愛することができない女性について触れた後で、「私たちは、彼女の退屈感の下に深い絶望感があるのを感じる(註13)」と述べている。

そして、この絶望感が行き渡っていることを認識することが重要であるという。なぜなら「サディスティックな傾向はこうした土壌の上に成長する(註14)」からである。

こうして人は、社会を驚かす「一人でも多くの人を殺したかった」と言うようになるのだろう。何か特別に理由がないのに腹が立つ。何もないのに不愉快である。そうして人に当たる。

「絶望的苦しみは、その人を他人に対して有毒な人にしていく(註15)」

そしてモラル・ハラスメントの被害者は、この絶望感に感染する。深刻な場合には、大人になっても心の土台は絶望である。そうなると、楽しいことがあっても楽しいと感じる能力がなくなる。些細なことで不愉快になり、なかなかその不愉快な気持ちから抜けられなくなる。

いずれにしても、モラル・ハラスメントが被害者の心に与える影響は長引く。被害は眼に見えないだけに、なぜか分からないままに、つねに憂うつな気落ちに悩まされていることになる。そして被害者自身が「他人に対して有毒な人になっていく」。

楽しみは自ら創り出すものである。これが生きる原点である。

しかし、モラル・ハラスメントの被害者は、この「楽しみは自ら創り出すもの」という心の原点がなくなっている。

おそらく人間の最大の義務責任は、「この私が幸せになること」である。無差別殺人事件を起こす人と、社会に貢献する人の違いはここである。

理解できない事件の裏に潜むもの

子どもに「早く寝なさい」と言う。母親は自分が休みたい。母親は子どもに「勉強しなくてもいいのよ」と言う。子どもが勉強しないと、母親は自分が困る。子どもは非言語的メッセージとしてそれを感じて、勉強する。

母親は、言葉では「学校行かなくていいのよ」と言う。しかし、非言語的メッセージとして、母親が「行ってほしい」ことは分かる。

「お前のために海に行く」と父親が言う。しかし、父親は自分が海に行きたい。「お前のために家を建てる」と父親が言う。しかし、父親は自分が建てたい。子どもは、これをされていると自分の望みを認識する能力はなくなる。

つまり、子どもは「行きたくない」ということを認識したら罰せられる。そして、父親が行きたがっていると気がついても罰せられる。子どもは罰を逃れるために「お父さんは行きたくないけど、僕が行きたいから行く」と思って行かなければならない。

子どもは大人になっても、他人のメッセージを正しく受け取る能力がない。コミュニケーション能力が発達できないままで大人になる。

母親は子どもに、「甘い飴《あめ》、食べていいわよ、でも虫歯にはならないようにね」と言う。小さい頃からこうした人間環境で成長すれば、人が嫌いになるだろう。何が何だか分からなくなる。

生きていても、なぜか不愉快になる。とにかく生きていることが面白くない。右を向いても腹が立つし、左を向いても腹が立つ。

何が何だか訳が分からなくなれば、どうなるか。心の中では一人の世界に引きこもるしか生きようがない。

今の日本で引きこもりが多いのには色々と原因があるだろうが、その一つはこのモラル・ハラスメントである。引きこもりだけではない。今の日本で「なんでこんなことが起きるのか？」というような社会的現象が色々とあるが、その隠れた原因はモラル・ハラスメントであろう。

心理的に大人になれない悲劇

もちろん今まで書いてきたような言葉の他にも、親が子どもを縛る言葉は色々とある。例えば、「家では、家では」という言葉を、子どもは無意識に嫌がる。しかし、「私たち家族」というのは美徳である。

それは「家では、家では」という言葉の中には、「私たち家族」という逃げることのできない美徳による束縛のメッセージが隠されているからである。つまり、親は無意識にこの言葉で子どもを束縛しようとしている。

こういう「家では、家では」という言葉を連発されて育った子どもは、通常は大人になれば早く家を出たいと思う。

しかし、なかなか家を出られない。それは、その子どもが心の底まで家族という「偽りの連帯意識」に束縛されているからである。そして、自分が「偽りの美徳」に縛られているということすら意識できないことが多い。

そういう子どもは、意識の上では親に感謝をし、無意識の世界では親を憎んでいる。この意識と無意識の矛盾の中でノイローゼになる。

こうした子どもは大人になって、外側がどんなに恵まれていても不幸である。どんなにエリート・コースに乗っかっていても不幸である。

「家では」と同じことで、「あなたさえ幸せなら、お母さんはそれでいいの」という言葉も、すでに述べたごとく子どもを縛る目的である。

しかし、それに母親自身が気がついていない。無意識に子どもを縛ろうとしているのである。こういう言葉を言う母親は、先に述べたごとく強度の依存心の持ち主である。しかし、この強度の依存心も無意識である。

つまり、親は意識の上では子どもの幸せのために自己犠牲的に努力しているつもりである。しかし無意識では、つまり実際には子どもを縛りつけておこうとしている。それだけに始末が悪い。

オーストリアの精神科医ベラン・ウルフの名言であるが、「人は相手の無意識に反応する」。子どもは母親の無意識に反応する。

だから、この「あなたさえ幸せならお母さんはそれでいいの」と言う母親の子どもは、心理的に成長することに躓《つまず》く。心理的に大人にはなれない。

偽りの愛に気づかないと罠にはまる

問題はモラル・ハラスメントをする人が、そのことを意識していないということである。モラル・ハラスメントの加害者は相手を拒絶し、相手を追いこんでいるのを意識していない。モラル・ハラスメントはあくまでも無意識である。

自分が相手を「愛情」で縛っていることも、相手を傷つけていることにも気がつかない。自分は善人の顔をしながら、相手に罪の意識を持つように追いこむ。手の込んだいじめであり、虐待である。

こういう人は最初の親切で相手を縛る。実は、その親切が賄賂《わいろ》である。とにかく相手を操作する。地獄の罠にはめる。しかも自分は善人と思っている。

モラル・ハラスメントの被害者は、自分が初めに「愛」と思ったのが「愛」ではないと気づくことである。それが束縛から逃れるために、何よりも必要なことである。愛ではなく罠でしかない。モラル・ハラスメントの被害者は、罠を愛と思うから罪の意識を持ってしまう。

自分の心の葛藤に自分が直面するのではなく、他人を巻きこんで解決しようとしている人は多い。カレン・ホルナイは、「愛の関係の中に入るサディズム的傾向」について述べている。

モラル・ハラスメントなどは、まさにサディズムが愛の関係の中に入ってしまった状態である。それぞれの人は自分の抱える困難を、相手との関係の中に持ち込む。そしてこの困難が関係を壊す。

サディストたちはどうするのか。

「相手を他の関係から切る。孤立させる。完全な依存状態に追いこむ」(註16)

モラル・ハラスメントの加害者は、自分の心の葛藤を相手との関係で解決しようとしている。すでに説明している「あなたが幸せになるなら、お母さんはどうなったっていいわ」というような言葉を吐く母親がそうである。

こういう人は、楽をして、人のものを二倍取ろうとする。「あなたが幸せになるなら、お母さんはどうなったっていいわ」と言う母親は、子どもが自分から離れることは許さない。夫をアルコール依存症のままにして、自分から放さない妻と同じ心理である。

自分の心を癒すために相手が必要

新聞のアルコール依存症や薬物依存症などの解説記事などで、夫を薬物依存に追いやることについて妻が登場することがある。

そこに「依存、助長する『甘やかし』『干渉』[註17]」などと書かれていることがある。妻が夫の依存を助長するというのである。だから夫の依存症は治らないという。

しかし、これは妻が夫を「甘やかして」いるのではない。夫の依存を助長しているというよりも、妻の依存性が問題なのである。もちろんすべてのアルコール依存症などの原因が、パートナーの強度の依存心と言っているのではない。色々のケースがある。

いじめ、虐待等々、モラル・ハラスメントを受け入れる人は依存心が強く、自己蔑視している人である。妻が夫を「甘やかして」いるというのではなく、妻の好意的支配が夫をアルコール依存症に追いやっている場合もある。

もっと露骨に言えば、妻の隠されたサディズムが夫のアルコール依存症の原因であることもある。妻は「夫は自分がいなければダメな人間だ」と思うことで、自分の心を支えている。

そして夫が、薬物依存やアルコール依存症等のダメ人間であることが心の底で心地よい。自分の神経症的自尊心を維持してくれる。心のキズを癒してくれる。

「サディストの情緒的不毛の故に、彼は相手が苦しむことで一時的に生きている感覚を味わう[註18]」

もちろん、こうした妻は自分がサディストであるとまったく意識していない。モラル・ハラスメントの加害者は、相手を助けるフリをして、相手を拒絶している。しかも「私は助けている」と思いこむ。

「自分の世界を生き生きさせるのに、或いは自分の住む現実を萎縮させるのに、他者を利用すること以上に効果的な方法はない[註19]」

心を癒すもっとも安易な方法がこの種のいじめである。いじめる人は無防備な人をいじめる。

いじめられた側には無意識に憎しみが蓄積されていく。そしていじめられたことからくる憎しみの蓄積で自殺することもある。オーバーな言い方と思うかもしれないが、モラル・ハラスメントは人を死に追いやることもある。

「加害者は被害者のアイデンティティーを攻撃し、その個性を奪おうとする。それはまさしく精神の破壊行為である。その結果、被害者は精神病院や自殺に追いこまれることもあるのだ(註20)」という指摘は決して誇張ではない。

見せかけの好意の正体

この種の人が、自分に近い人を依存症に追いやる。それをフロムは「好意的支配」とか、「好意的サディズム」と呼んでいる。

「愛という仮面を被った好意的支配もまた、しばしばサディズムのあらわれである。好意的サディストは自分の所有物が富み、強力になり、成功することを欲するけれども、彼が全力をあげて阻止しようとする一つのことがある。それは彼の所有物が自由と独立とを獲得し、彼のものではなくなってしまうことである(註21)」

この本の中にバルザックの「失われた幻想」についての解説が書かれている。自殺を企てた若者に対しての「あなたを助けたい」という僧侶に化けた囚人の台詞《せりふ》が紹介されている。

「だが、わしは縁の下の力持ちになり、お前の素晴しい成功をじっと見ているだけなのじゃ。わしはどんな時でも、お前が楽しければそれでよいのじゃ(註22)」

これは愛の関係ではなく、共生関係を表す言葉である。それは「結合と親近性」とを特徴とする。「自由と統合を犠牲にしている」とフロムはいう。お互いに自律性を犠牲にしている関係である。

好意的サディストは一見すると、とてもとても心やさしい人に見える。近い人以外には、彼の心の底にある憎しみはなかなか理解できない。

しかし、好意的サディストの特徴は憎しみと幼児性である。そして本人は自分の憎しみと幼児性に気がついていない。自分の中の憎しみと幼児性を認めない。あくまでも自分は愛の人だと思っている。だから最後に悲劇が待っている。

彼らには心の安らぎがない。彼らは相手の話を聞かない。そういう親は自分の心の葛藤を解決することに夢中で、人の話など聞いていられないのだろう。

ピーターパン症候群の若者を生み出す母親

この僧侶と同じようにモラル・ハラスメントの母親は、息子のために掃除、洗濯、料理に精を出す。母親はこうして自分を子どもに売り込んでいる。そして学校から帰る子どもをいつも待っている。母親は自分のコートを買わないでも、子どものコートを買う。

母親は自分を立派な人に見せている。そして自分を立派な人だと思いこんでいる。そして言う。「あなたが幸せなら、私はそれでよい」と。

「彼女は人間の尊厳を無視すると同時に、自分自身について理想のイメージをもつ。そこにはきわめて厳格で高いモラルスタンダードが含まれる」(註23)

何歳になっても心理的に大人になれない、ピーターパン症候群の若者を生み出す母親は「あなたが幸せになるなら、お母さんはどうなったっていいわ」(註24)と言うと、著者のダン・カイリーはいう。

しかし、子どもは母親の孤独と不幸を感じる。そして母親が自分を拒否したのには十分な理由があると思うという。(註25)

親も子どもも、お互いへの不満を抑圧している。したがって親も子どもも不幸である。

「あなたが幸せになるなら、お母さんはどうなってもいい」という言葉は、裏を返せば、「いいわ、私さえ悪者になればいいのよね」とか、「お母さんがいけないのね」とか、「私ってバカよね」ということにもなる。こういうことを言う人は恩着せがましい人と同じで、とにかく自分がない。

「あなたさえ幸せになってくれればいいの」と言いながら、もし自分が不幸になれば、

「あんたのせいでこうなった」となる。つまり、本質的には恩着せがましさの心理と同じである。

あんたが騒ぐから、失敗した。あんたがイライラさせるから、仕事ができない。そして最後は「いいのよ、お母さんさえ我慢すれば」となる。

「あなたさえ幸せになってくれればいいの」から始まって「いいのよ、お母さんさえ我慢すれば」まで、すべてはこの母親の心の底にある空虚感や不安や恐怖や依存性や自己無価値感等々から出た言葉である。そしてそれらを土台にしたサディズムが成長するのである。

これらの言葉は、自らのサディズムを意識するのを防ぐための言葉である。自分の本当の心を認めないままで、自分を立派な母親と子どもに認めさそうとする言葉である。つまりは不安や恐怖の合理化である。

「あなたさえ幸せになってくれればいいの」、こう言われたら子どもは何とも言えない。

「あなたさえ幸せなら、お母さんはどうなってもいい」ということは、実は「私は本当にしたいことがない」ということを表している。言葉の裏にあるのは彼女の絶望感である。

「あなたが幸せなら、お母さんはどうなってもいい」と言っている時に、この母親は自分の無意識に気がついていない。無意識だから気がついていないのは当たり前であるが。

自分が分かっていないということは、自分のしていることが分かっていないということである。

子どもの挫折がどうしても理解できない

自分は素晴らしいことをしているつもりで、実は相手を殴っている。自分の中の衝動を満足させつつ、自分は聖人だと思っている。この母親は手抜きではあるが、一応努力はしている。そこが分かり難いところなのである。

もし、この母親が完全に怠け者で子どもの世話を何もしないで、毎晩友だちとカラオケに行っているなら分かりやすい。子どものためになっていないということは誰にでも分かる。本人も自分は立派な母親でないと思っている。

最悪の親の場合には、子どもの思っていることと母親自身が思っていることと、周囲の人が思っていることと一致している。

しかし、この子どものために努力する母親の場合には大きな食い違いがある。

「あなたさえ幸せなら、お母さんはどうなってもいい」と言う母親が理解できないことは何か。それは努力するのだけれども、子どもが必要とするものを与える努力になっていないということである。そこを母親が理解できていない。

最悪の親は分かりやすいが、モラル・ハラスメントをする親は分かりにくい。それは最低の親である。

この母親は子どもが心理的に挫折した時に、どうして子どもが挫折したかを理解できない。自分が本気でそこまで努力しているからである。ここまで子どものために尽くして、何でこのような結果になるのか分からない。

自分がカラオケばかり行っているなら、子どもが心理的に挫折した時に、「ああ、いけなかった」と素直に反省できる。自分がエステばかり行っていたなら、子どもが心理的に挫折した時に「ああ、きれいになりたいとばかり思って自分のためにお金を使って、自分はなんてことをしたのか」と素直に反省できる。

しかし、モラル・ハラスメントの母親は自分のためにお金を使っている訳ではない。子どものためにお金を使っているのである。

この母親がどうしても理解できないのは、カレン・ホルナイのいうサディズム的愛である。自分が「愛」と思いこんでいたのは、サディズムが変装した姿であると理解できない。自分は子どもを愛していたのではなく、子どもをサディズムで支配していたのだということが理解できない。

自分を子どもに売り込む親は最低

自分は努力したけど、それでも子どもの求めているものを与えられなかったのだと分からない限り、今度は子どもを責め出す。私がこんなに苦労をしているのにという恨みである。母親にしろ、父親にしろ、実は自分が自分自身に絶望して、子どもを強迫的に理想の人間に変えようとしたのである。

「自分は非現実的なほど高い期待に応えられない。自分の相手がそうすべきだと決める。いかなる過ちも許さない。相手が苦しむことにある種の満足を覚える」(註26)

子どもが求めていたのは、父親と母親の関心であった。親から積極的に関心を持たれることであった。子どもが求めていたのは、母親がパートで働いて塾の授業料を払ってくれることではなかった。父親が猛烈サラリーマンになって働いて、家を経済的に支えてくれることではなかった。母親がパートで働いて、塾の授業料を払って子どもに要求したことが問題なのである。

「日常生活では彼らは際限もなく非現実的なほど高い要求を周囲の人にする」(註27)

父親が猛烈サラリーマンになって働いて、子どもに求めていたのは何か？　何を期待していたのか？　一流企業への就職ではなかったか。

「際限もなく周囲の人に要求をする」(註28)

「彼らは他人を奴隷化しようとする」(註29)

モラル・ハラスメントの加害者は、自分はサディストとまったく意識していない。しかし、相手を愛しているつもりで、実は相手を奴隷にしていたのである。そして、このことに気がついていない。気がついても認めない。

彼らが子どもに期待したのは有名大学卒業であり、一流会社への就職であり、その後のエリート・コースである。だから恵まれた環境で成長したエリート・ビジネスマンがうつ病になり、エリート官僚が自殺するのである。

モラル・ハラスメントの母親は自分をいい母親と思わせたい。自分を子どもに売り込んで、結果として子どもが悪くなる。子どもが心理的に挫折すれば、「どうしてこうなったの？」と子どもの責任にする。その後、母親は「つらい！」と言う。「そういうあなたを見るのがつらい」と母親は言う。

ということは、おかしくなったのは私の責任ではないということである。そこで子どもをもっと追い詰める。「お願い、昔のあなたに戻って、お母さんはそれだけでいいの、お母さんにやさしい心をちょうだい」などと叫ぶ。

過去を持ち出して二重に脅す

しかし、子どもからすれば現実に「こうしなさい」というアドバイスはくれない。子どもを追いこむ母親はいつも言葉だけ、美辞麗句を並べる。まさにモラル・ハラスメントである。

ずるい母親はたいてい、「あの時にこう言ってくれれば、お母さんはしてあげたのに」という言い方をする。今現在のことは言わない。つねにできない過去のことを言う。それは二重三重の脅しである。子どもは、自分はいけない子どもと罪の意識を持つ。

こういうケースになればトラブルが続いて、子どもは肉体的・社会的に成長すると共に心理的に病んでいく。

子どもが喜ぶことで自分の存在を感じる親は、子どもとの関係が薄い。そこで子どもが喜ばないと子どもに不満になる。

子どもを愛しているから、子どもが喜ぶ姿に幸せを感じる親は子どもへの要求がない。

子どもが喜ばなくても子どもに不満にならない。自分のない親は、子どもがいつも機嫌よくしていないと不安になる。不満にもなる。

子どもを愛しているから喜んでいる顔を見たいというのと、喜んでいる顔を見ることで自分という存在を感じようというのとでは、まったく心理が違う。

前者は情緒的に成熟している母親で、後者は情緒的に未成熟な母親である。もちろん、母親を父親に変えても同じことである。

親子関係でなくても、自分のない人は同じである。ビジネスマンでも同じである。

第2章

モラル・ハラスメントの特徴

他人の不幸を喜ぶ人

嘘をつく人はまだよい。「他人の不幸は蜜の味」という人がいる。「いる」というよりもたくさんいる。だから有名人のスキャンダルを書いた週刊誌が売れるのである。

ある週刊誌の記者をしている人が、私に「先生、不幸は売れるんですよ」と言った。とにかく有名な人や成功した人の不幸を書けば、人は買ってくれるという。お金を出しても他人の不幸は知りたい。他人の不幸は心の傷を一時的には癒してくれる。

現実の世界では、「他人の不幸だけが生きていて面白いことだ」という人が多い。昔から「人生に何の楽しみなけれども隣の貧乏見るが楽しみ」という狂歌がある。

残念ながら他人の不幸が嬉しいという人は、エネルギーがない。隣の貧乏を見ているうちに働いたほうがよい。しかし、エネルギーのない人は額に汗して働かない。働く気力がない。他人の不幸が楽しいという人は、そうした働くエネルギーがない。もっと一般化すれば、神経症と言われる人は生産的エネルギーがない。

「人生に何の楽しみなけれども隣の貧乏見るが楽しみ」ということは、どう解釈できるか。まず、人生に「楽しみがない」と言っている。この狂歌はそこが問題なのである。

楽しみがあれば、人は前向きになれる。しかし、現実の世の中には、このように前向きのエネルギーのない人が多い。前向きのエネルギーのない人は、「憎しみに燃えている人」から、いつしか絶望の人に変化する。楽しみがなくなるとエネルギーがなくなって「人の不幸を見たり読んだりすることだけが生きる楽しみ」になる。

自分は「隣の貧乏見るが楽しみ」というような人間だと自覚している人はまだよい。困った人は、無意識では人の不幸を楽しんでいるのにそれを認めないで、憎しみが「愛の仮面」を被って登場してきている人がいる。

そういう人は「家族愛」だの、「隣人愛」だの、「友情」だの、何だのと、美徳を持ち出して人に絡んでくる。そういう人に絡まれたら、気がおかしくなる。無気力や依存心や劣等感が「愛の仮面」を被って登場してくる人もいれば、憎しみが「正義の仮面」を被って登場してくる人もいる。そういう人の特徴は「あなたのために」と言って相手に絡むことである。「あなたに幸せになってもらいたいのよ」と言って人に絡む。

あるいは関係ない人に「人間として許せない」などと言って絡む。それは淋しくてどうしようもない人である。そうして相手に絡んで相手を痛めつけて、自分の心の傷を癒している。相手を痛めつけることで自分の心の傷を癒しているのだから、そう簡単には離れない。離れたら心の傷を癒せなくなる。殴られて、「はい、さよなら」と言われるほうがさっぱりする。その場で終わる。

「好意の仮面」を被って人に絡む

モラル・ハラスメントの加害者は自分のうっ憤を、美徳を楯に晴らしているのだから、絡まれた人はたまらない。つまりモラル・ハラスメントの被害者はたまらない。

こういうモラル・ハラスメントの加害者は自分が一番可愛いくせに、言葉はいつも相手が大事であるようなことを言う。その上に相手が落ちていくことに快感を持っている。まさに質《たち》の悪い人である。

そういう母親は、先生に「うちの子を叱ってください」と言う。「叱ってください」は、自分がいい母親になりたいからである。

ある母親は、子どもを叱っている先生に「先生、もっと怒ってください」と言った。母親は自分がよい子になって、子どもを自分の思うように支配しようとする。

美徳を持ち出して人に絡んでくる人は、関係のない人に絡むこともあれば、親が子どもに絡むというように近い人に絡むということもある。

「あなたのために」と言って人に絡むのは、フロムの言葉を借りれば、好意的サディズムである。あるいはカレン・ホルナイのいうサディズム的愛である。好意的サディストとは言葉が好意的で、心がサディストという意味である。

いずれにしろサディズムが「好意の仮面」を被って登場するのだから、絡まれた人はたまらない。信じがたいほど執拗に絡む。モラル・ハラスメントの相手の心に対する影響は信じがたいほど深刻になる。この執拗な絡みが、その原因である。

サディズムがサディズムとして登場してくる分には、まだ対処の仕方がある。しかし、サディズムが善意の仮面を被って登場してくると対処は難しい。

世の中の多くの人は、好意的サディズムという人間の心理そのものに気がつかないことが多い。すると表面に出ている好意的な言葉しか見ない。すると苦しめられている人が悪者になり、サディズムで相手を痛めつけている人が善意の人になってしまう。

また相手を痛めつけているサディストは、自分がサディストであることに気がついていない。そして世の中の人は、そのサディストのほうを善意の人と見てしまう。そうなると、サディストに苦しめられている人は助けの求めようがない。好意的サディストに苦しめられ、世の中からは悪く見られた人の悔しさは想像を絶する。

モラハラはなぜ分かりにくいか

スイスの哲学者カール・ヒルティのいう「外で子羊、家で狼」という言葉も同じである。外で皆にいい顔をしながら家でモラル・ハラスメントをする。

世の中の見方が正しければ、周囲に助けを求められる。しかし、弁護士や大学教授など法律の専門家や警察まで含めて、多くの世の中の人は表面に表れていることしか見ないことが多い。だから誰が本当に悪いのかを間違える。

「そんなふうに言ってくれているのだから、あの人はいい人じゃないですか」になってしまう。好意的サディストにやられるほうは、やられるだけやられて地獄の中で、苦しみながらストレスで早死にしてしまう。

現実の世の中でもっとも恐ろしいのは素《す》のままの悪ではない。「善の仮面」を被った悪である。

そして仮面を被っている人が、「自分は仮面を被っている」ということを意識していない。自分は憎しみではなく愛で行動していると思いこんでいる。

現実の世の中でもっとも恐ろしいのは憎しみの顔ではない。ニコニコした笑顔の仮面を被った憎しみである。世の中の人が正しく判断をしてくれれば問題はない。しかし、現実の世の中では「真面目な人」が罪を犯すと「なぜだ？」と有名新聞が書く。

真面目な人が、時にものすごい憎しみの人であるということが理解されていない。真面目と誠実さは違う。今の世界では真面目な人と誠意のある人が違うという基本的なことが理解されていない。

今の世界にもっとも欠けているのが「変装した怒り」についての理解である。まさに偉大な精神科医アドラーのいうごとく、「怒りは変装がうまい」。そこで世の中の人は騙《だま》される。そうしてモラル・ハラスメントの被害者は、周囲の人に助けを求めながらも助けてもらえず、地獄に堕ちていく。

マイナスの感情で人を操る

情緒的未成熟な親は、子どもに限りない忠誠心を要求する。排他的な尊敬の要求をする。子どもが他の人を尊敬すると、ものすごい怒りを持つ。そして子どもをいじめる。いじめることで自分の力を感じる。

つまり、好意的サディズムになる親は、自分が求めているものを子どもが満たしてくれないから子どもをいじめているのである。

モラル・ハラスメントの加害者でも時には相手を喜ばそうとすることを言うが、その裏で相手をしっかりと支配しようとする。喜ばそうとするのはお世辞で、本質は操作である。

表面的にはどうであれ、相手を支配しようとすることがモラル・ハラスメントのポイントである。そしてモラル・ハラスメントは巧妙だから、人を操作するほうは破滅しないで、操られるほうが破滅する。「働け！」と言われれば憎しみで対抗できる。

しかし、モラル・ハラスメントは、この怒りを持つことさえ許さない。怒りを持ってい い時に「すいません！」と思わされている。

「暴力をふるった責任が相手にあると思った場合でも、被害者はその暴力を引き起こした原因は自分にあると考える。そうやって罪悪感はすべて自分一人で引き受け、加害者の罪を免除してしまうのだ（註30）」

それは、モラル・ハラスメントの加害者は相手の自責、罪悪感を利用していじめているからである。攻撃的性格の人は直接攻撃するが、引きこもり的性格の人は、相手を簡単に動かそうとする時にマイナスの感情を使う。これは動かすというよりも「操作する」ということである。

前述のように、心理療法における交流分析で、慢性的で定型化された不快感情をラケットという。この不快感情は他人を変えようとするために使われる。

ピストルを持って相手を殺すのではない。ラケットはじわじわと子どもを殺す。普通の殺人よりもひどい。

そして、こういう子どもが自殺すれば、母親は「いい子だったのに、もう少し社会が……」と言う。自殺するような子どもは「よい子」である。親のラケットのテクニックに引っかかって、悲惨な結果になったのである。

子どもが勉強をしない。そこで母親が「お母さんとっても辛いわ!」と言う。これを言えば、子どもは「お母さんごめんなさい」と言わなければならない。そして子どもは「勉強をするから許して」となってしまう。

もっと質の悪い母親は「お母さんを困らせて嬉しいの?」と子どもを責める。「お母さんをわざと困らせているの?」とまでくれば、これはあきらかにいじめである。

さらにひどい母親がいる。最低の母親は「お母さん、恐い」である。こうなれば、「親が子どもに与える破壊的なメッセージ」などという生やさしいものではなく、ハッキリとした「いじめ」である。

こうして育てられた子どもは非行には走らないが、次第に生気を失って無表情な顔の子になっていく。そしてそのことでまわりから「イヤなやつ」と思われる。これで子どもが大人になってノイローゼにならなければ不思議である。

非行に走るほうは、煙草をスパスパ吸うお母さんの子どものほうである。こちらは子どものほうが母親を非難して、攻撃できるからまだいい。

依存心の強さと愛の強さを錯覚するな

モラル・ハラスメントはきわめて分かりにくい。そこでモラル・ハラスメントをしている親は勘違いすることがある。子どもに対する執着と子どもへの愛情を間違える。自分の依存心の強さを愛の強さと錯覚する。

モラル・ハラスメントの母親は、自分は子どもの幸せのためにしていると思っているが、実は単に子どもをいじめているにすぎない。そもそも子どもの発達の段階には無関心である。子どもの年齢を考えてできるはずもないことを要求する。

もともと神経症者には愛する能力がない。愛と思っているのは、自分の心の必要性を満たすために、その人に執着しているだけである。愛の強さと思っているのは、その人の依存心の強さに過ぎない。

愛する能力がないということは、相手のパーソナリティーを無視すること、相手の限界を無視すること、相手の必要性を無視すること、相手の願望を無視すること、相手の発達を無視すること等々である。

学校で、絵を描いた。下手だった。モラル・ハラスメントの親は「こんな絵を描いて……」と笑う。この子は好きなものがなくなる。心理的に健康な親は、「よかったね、だんだん上手になるのね」と言う。

「今日、体操誉められた」と子どもが言う。モラル・ハラスメントの母親は、「いつも下手だったからね」と言う。親は自分が子どもを励ましていると思っている。いじめていると気がつかないでいじめている。内容的にこれらの言葉は軽蔑と妬《ねた》みである。「嫌味を言う」のは敵意の間接的表現である。

心理的におぼれかかっている親

水におぼれかかっている者は、相手の能力を考えないで、しがみつく。モラル・ハラスメントの親は心理的におぼれかかっている。そこでいじめている子どもにしがみついている。問題はしがみついていることに気がついていないことである。

子どもの限界、子どもの必要性、子どもの願望、子どもの発達段階に考慮を払わないのは、子どもに対する基本的な敵意があるからである。

子どもが野球であれ、サッカーであれ、バレーであれ、なんかのスポーツをしていると、する。素晴らしいプレーをした時に、「あれくらいで得意になるようじゃダメだ」と言う人もいれば、その夜に「今日のお前のスパイク、よかったよ、お前がいなけりゃチームはダメだよ」と励ます人もいる。

「あれくらいのプレーですぐにいい気になる、だから上達がないんだよ」と言う人もいれば、「今日はよく球を拾ってくれた、ここが上座だ、ここに座れ」と励ます人もいる。

モラル・ハラスメントの加害者は人を誉めない。力を求める。相手を支配しようとする。子どもに「あれくらいで得意になるようじゃダメだ」と言う親は、子どもの積極的な感情を窒息させてしまう。その上で「なんで、そんなに元気がないのだ」と責める。

モラル・ハラスメントの加害者は相手を落ち込ませておいて、その上で「そのくらいのことで落ち込んではダメだ」と相手を責める。積極的な感情を窒息させていない母親は、「すごいじゃない」と子どもの長所を見つけることができる。

モラハラの親は子どもを誉めない

モラル・ハラスメントの親はよくお説教をする。お説教をする人は不満な人である。お説教だから、言っている内容は皆立派なことである。しかし、食卓がお説教になる家庭は、家族皆が不満な人たちである。そしてお説教をするモラル・ハラスメントの母親も父親も、よその家の子を誉める。よその子を誉めることで自分の子をいびる。

「何で叔父さんのようになれないのよ」と、社会的に立派な叔父さんを引き合いに出す。「何でこんなことができないのだ」と、子どもの劣等性を激しく責める。親の過大な期待である。

引きこもり的性格の親が子どもへの期待を実現しようとする時には、前にも触れた慢性的で定型化された不快感情であるラケットを使う。この不快感情は他人を変えようとするために使われる。

例えば、「こんなこともできないのか」と深い失望のため息をつく。その結果、いじめられたほうは、自分で自分を受け入れられなくなる。自分を評価する基準が非現実的なほど高くなる。子どもはそうでなければ自分が生きている意味がないと思いこむ。

モラル・ハラスメントは、それをする人の性格によって方法が違う。このラケットを使ってモラル・ハラスメントをするのは、カレン・ホルナイのいう引きこもり的性格の人である。[註31] そして母親は、自分は理想の母と思うから「何でもっと誰それのようになれないの?」症候群になる。子どもの現実を無視したいじめである。つまり、母親はモラル・ハラスメントの加害者である。

もし、子どもがそれに対して「あんたの子どもだからだよ」とでも言えれば、モラル・ハラスメントの被害者にはならない。しかし、「あんたの子どもだから」と言えないようにいじめるのがモラル・ハラスメントである。

「何で誰々さんのようになれないのよ」症候群はいじめである。言っているほうはいじめていることに気がついていない。しかし、言われた子のほうは、それをやろうとする。叔父さんのような人になろうとする。子どもはいじめられていることに気がついていない。

親は、本当は子どもにそうなってほしくない時もある。そうなったら、いじめられなくなるから。モラル・ハラスメントを理解するポイントの一つはいじめている側は、いじめられている人を必要としているということである。

モラル・ハラスメントの加害者は、いじめている人をどんなことがあっても放したくない。いじめている人への執着を、いじめている人への愛と錯覚している。モラル・ハラスメントの加害者も、心に深刻な葛藤を抱えているから必死なのである。

モラル・ハラスメントの加害者とモラル・ハラスメントの被害者は、共食いのようなものである。どちらも深刻な心の葛藤を抱えて必死で生きている。

もともと「何で誰々さんのようになれないのよ」と言うように、人と比較する人は憎しみで比較している。比較の動機は憎しみ。支配の意図がある。

モラル・ハラスメントの親は決して子どもを誉めない。例えば、夏休みに親に誉めてもらおうとして必死で遠い島まで泳いだ。

「こんなに辛いのははじめてだ」と思った。「すごーい」と誉めてもらえると思った。しかし、親は誉めてくれなかった。逆に自分より上手な泳ぎ方の人と比較されてしまった。

では、なぜ親はそんなに子どもをいじめるのか。それは親が自分の傷ついた心を癒そうと必死になっているからである。モラル・ハラスメントの親は子どもが好きではない。そんな心のゆとりはない。

逆に子どもの言いなりになる親も子どもが好きではない。

不安から逃れたいだけの心理

真の愛情と神経症者の愛情の違いは、本人が安心するためのものかどうかである。

モラル・ハラスメントの親は、自分が不安から逃れることが優先順位第一である。「愛していると錯覚している言動」は、自分が不安から逃げるための手段に過ぎない。

あるモラル・ハラスメントの加害者の女性である。「あなたは身勝手だ、自己中心的だ」と、どんなに説明をしても納得しない。

それは六一歳の女性である。お嫁さんが、あまりの干渉のすさまじさに逃げ出した。その六一歳の女性は「あんなに世話をしたのに許せない」と言う。

「お嫁さんは、あなたに世話をしてもらいたくなかったのだ、あなたの干渉に耐えられなかったのだ」と、どんなに説明をしても納得しない。

お嫁さんは実家に帰った。しかし、その六一歳の女性が追いかけてくるので、実家からも逃げた。そしてお嫁さんの実家は当然のことながら、その女性に行く先を教えない。何をされるか分からないからである。

「なぜ周囲の人が皆、あなたから逃げるのだろうと考えなさい」と言っても、もちろん怒りの火に油を注ぐようなものである。

彼女はご主人とすでに情緒的離婚。家にお嫁さんが来る前から、ご主人はノイローゼである。そういう家で、息子にお嫁さんが来た。

すると六一歳の女性は「愛情豊かなお婆ちゃん」という自己イメージに酔おうとした。それは彼女の心の葛藤を解決するための自己イメージである。

そこで「あなたのために」と言って、猛烈にお嫁さんに干渉を始めた。夫はすでに逃げているので、彼女は「あなたのために」という美徳で、嫁と孫に絡んだのである。

先に書いたようにお嫁さんは悲鳴を上げて懸命に逃げ出した。しかし、彼女は自分の心の葛藤を、お嫁さんを奴隷化することで解決しようとした。「やさしい婆ちゃん」という自己イメージで解決しようとした。

そしてお嫁さんが逃げ出したのに、「私はやさしいお婆ちゃん」という自己イメージに固執する。この女性から周囲の人が逃げてしまっているので、しがみつくのはこのイメージしかない。

自分に絶望しているモラハラの加害者

ベラン・ウルフは、このような人の性格を「見せかけ[註32]」の性格特徴といっている。それは正常な大人の責任から逃避した人の性格であるという。

まず、この六一歳の女性は、母親としての責任からも逃げた。だから息子は酒を飲んでは、嫁に暴力をふるうようになっている。彼女は「見せかけ」の「よい妻」にも「よい母親」にも挫折し、最後の試みが「見せかけ」の「よいお婆ちゃん」である。もちろん、「見せかけ」の「よい妻」や「よい母親」の挫折を認めてはいない。

ベラン・ウルフの言葉を使えば、この女性は、事実としては「現実からの脱走者」である。そして、この六一歳の女性は今、幻想の大舞台で「よいお婆ちゃん」という主役を演じようとしている。そこで挫折を認めることができないから、「嫁は許せない」となる。

「お嫁さんはあなたから逃げたのですよ」と言うと、これも絶対認めない。「嫁は私を大好きで、尊敬している」と言い張る。直前に言った言葉も平気で否定する。

「嫁を許さない」という理由として「嫁が、自分に何も言わないで、家を出ていった」ということをあげる。しかし、他の文脈の中で、この事実が出てくると、それは否定する。

つまり、自分の人間関係が豊かだという主張の中では、この事実を否定する。

そして、この矛盾には本人は気がつかないし、矛盾を指摘しても認めない。話をしている相手のほうが混乱する。なぜ、このように言うことがころころと変わり、あるいは矛盾したことを平気で言うのか。

それは彼女の中に「本当の感情」がないからである。自分に絶望しているからである。「感情の貧困化」という言葉があるが、まさに彼女の場合には、感情の貧困化である。

もし嫁が本当に好きだとか、孫が本当に可愛いとかいうような何か本当のものがあれば、このように矛盾したことを平気で言わない。

感情も主張もすべて、その場その場の自分を正当化するためのものばかりである。「これなら周囲の人は話をしないで逃げ出すだろうな」と思う。話をしても六一歳のこの女性を説得することは不可能だからである。

自分は嫁や孫を世話したのではなく、単に嫁と孫を支配し、束縛しようとしたのだということは絶対に認めない。自分がモラル・ハラスメントの加害者であると「認めない」と言うよりも「認められない」と言ったほうが正しいのかもしれない。

「あなたのため」という言葉の恐さ

ベラン・ウルフの本に「あなたを愛しているのだから、私の好きなことをちゃんとしてね」(註33)という言葉が出てくる。これは一種の専制主義であるという。彼女は自分が専制主義的支配者であって、嫁と孫を苦しめたのに、「私は皆のために尽くした」と言い張る。絶対に自分のしたことは愛だと言い張る。

カレン・ホルナイの言葉を使えば、サディズム的愛である。愛という口実のもとに皆を支配しようとする。この女性は嫁と孫を痛めつけることで、自分の心を癒しているサディストである。

だから嫁と孫がいなくなっては困る。これが怒りと憎しみの対象にすがりついている本当の姿である。依存症的人間関係にはつねに隠された矛盾がある。

この女性は「正常な目標から遠ざかれば遠ざかるほど、〈ふり〉を大きくやって、いよいよ誤った目的を追いかけるのに興奮する(註34)」

そして嫁の実家が嫁の居場所を教えないのは、「あなたを拒否しているのですよ」と言うと、「嫁の実母は脳に障害を持っている」と言い張る。

この六一歳の女性は、怒りと憎しみの対象にすがりついている。つまり依存症的人間関係である。彼女は嫁と孫を「世話してあげた」と言い張るが、この女性がサディストとして嫁と孫を痛めつけたというのが実情である。

今の日本に、これほど神経症的でなくても、母親が好意的サディストとして子どもを痛めつけている例は多い。仲のよいことはいいことだとして、この六一歳の女性と仲良くなりなさいというのは、この女性の奴隷になりなさいということである。

このお嫁さんが幸いだったのは、モラル・ハラスメントの加害者が六一歳の女性一人であったことである。もう一人モラル・ハラスメントの加害者が家族の中にいれば、ここで「あなたがお婆ちゃんと仲良くなるのが私の願いです」と口を挟んでくる。

こういう人間環境の中で人は自殺にまで追いこまれる。「仲良いこと」とか、「あなたのため」とかいう美徳ほど恐ろしいものは世の中にない。こういう人たちとは話し合いができない。話し合いとは、「私はどうしたい」と言い、「あなたはどうしたい？」と聞くことである。このケースでは話し合いではない。これは憎しみのある人の支配である。

搾取タイプの人、はめ込む人、そういう人は、「あなたのためにしたのよ」と言う。自分は「こうだ」と言わない。相手を苦しめる人は「あなたのために」と言う。相手からプロポーズをさせる。このようなことを書くと、きわめて特殊な人と思うが、ここまでひどくなくても多少は私たちも、この「見せかけ」の性格を持っている。

「彼には強そうに見せかける必要があった。強くみせたいという要求にすっかりカバーされた感情的依存性を特性とするこのパーソナリティー・パターンは、おそらく次のような事実と明確な関係があるものと思われる(註35)」

次のような事実とは、不安や敵意に対して胃の機能促進という反応を示したことである。現実には強くないけど、「強く見せかける必要性」を持った人は多い。それが時に普通以上に食べるなどという肉体的なことを通して現れてくる。

幸せになるのではなく、幸せに見せる必要、強くなるのではなく、周囲の人から強い人と思ってもらおうと努力をする人は少なくない。

そして、「私はただ嫁と孫が幸せであることを願っているだけなのです」と涙ながらに訴える。「私はただ嫁と孫が幸せであることを願っているだけなのです」ということは、「私をもっと愛してくれ」という愛の叫びなのである。

「私をもっと愛してくれ」という愛の叫びが聞き届けられないので、人は憎しみを持っているのである。こういう人は周囲の世界に復讐的になっている。しかも、自分が周囲に復讐的になっていることを意識していない。

彼女は次から次へと挫折を重ねるが、絶対に挫折を受け入れない。彼女のような神経症者の怒りは、自己栄光化が挫折して心理的にパニックに陥っている心理状態である。

彼女は、自分が孤立していることも認めない。そこまで彼女が怒っているのは、そこまで傷ついているからであるが、もちろん彼女は自分が傷ついていることも認めない。

好意の売り込みというタイプ

好意的支配は売り込みの好意である。母親らしさを強調することで子どもを支配する。母親らしさの強調をして子どもを束縛する。母親らしさという美徳で子どもの心に手錠をかけるのである。

「こんなに愛しているという誇示」で子どもを束縛する。母親は自分の支配欲を意識していない。子どもをとおして、美徳をとおして、自分の自己中心的要求をとおす。美徳だから子どもは抵抗できない。

この「愛」をあげるから私の言うことを聞けということである。カルト集団の中で教祖が信者に親切をして、心に手錠をかけて、信者を支配するようなものである。

毒を間違えて飲んでしまった人が「水をくれ」と叫んだ。その時に泥水をあげないで、「待ってください、今ミネラルウオーターを持ってきますから」と言うような人である。自分を守るための好意である。相手を守るための好意ではない。泥水を飲まして毒を吐かせるということは考えない。

ある人は小学生の時にいつも校庭で怪我をしていた。しかし、その子の母親はいつも笑っていた。なぜか？　学校に対しては、「寛大で、おおらかなお母様」であることを示すためである。そして、ニコニコしていることで立派な母親であるためには、子どもも学校も非難できない。しかし、子どもを守ってはいない。だから子どもは文句を言えないが、何となく母親を信頼できない。

こうした母親は手抜きして立派な母親を演じている。こういう場合には、たいてい「立派」な母親は子どもが嫌いである。

自分が非難されても子どもを守ろうという時に母親の責任を果たしている。しかし、ニコニコしている立派な母親は母親の責任を果たしていない。母親の責任から逃げている。

依存的欲求を持つものが強い立場に立つ。すると依存的欲求が依存的要求になる。自分の要求を美徳に包装して相手に押しつける。本当は搾取しているのに、「私は犠牲になっている」と言う。

それが美徳による支配である。分かりやすく言えば、美徳によるいじめである。

つまり一見して親切そうに見えるけど、実は親切ではない人がいる。そういう親切は相手を支配するためにしている行為である。本人も自分のしていることに気がついていない。だから始末が悪い。

人には意識されている動機と意識されていない動機がある。問題は意識されていない動機である。単なるお節介《せっかい》は、まだ良い。お節介をする人が自分はお節介だと気がついていれば。

モラハラの加害者と被害者の見分け方

モラル・ハラスメントの加害者は立場を変える。ある時には理想主義者になり、別の時には現実主義者になる。目的は相手をいじめることであるから、その時々で都合のよい立場に変わる。些細なことでも、「それは許されることではない」と相手を責める。かと思うと、「そんなことまで許せないの、冷たい人だな」と相手を責める。

自分がモラル・ハラスメントの被害者か加害者かはどこで見分けたらいいのか。それはその人の人間関係である。

モラル・ハラスメントの加害者は自分が悪いのに、本人は「私は悪くない」と思いこんでいる。だから「あなたはモラル・ハラスメントの加害者だ」と言って議論をしても始まらない。

モラル・ハラスメントの被害者は、表面的には誰ともうまくいっている。しかし、本人の気持ちは晴れない。憂うつである。フロムのいう神経症的非利己主義の人である。「いい人」なのだけれども、人と心が触れていない。

そして疲れやすい。さらに頭痛がするとか、眠れないとか、いつも体調が悪い。それはモラル・ハラスメントの被害者は、いつも我慢しているからである。普通の人に比べれば、異常にストレスが強い。

表面的には穏やかであるが、いつも心はイライラしている。熟睡できない。さらに批判に対しては過敏である。ちょっとした注意でさえ頭にくる。

モラル・ハラスメントの加害者はとにかく弱い者いじめである。自分が医者なら危険な患者をしつこくいじめる。弁護士なら困っている依頼人をいじめる。先生なら真面目な生徒をしつこくいじめる。親ならやさしい子をいじめる。この本の他の箇所で説明する捕らえた鼠をいたぶって遊ぶ猫である。

心の世界には「冤罪」が多い

そしてさらに複雑なのは、モラル・ハラスメントの被害者は、自分よりさらに弱い立場の人を見つければ、時にモラル・ハラスメントの加害者に変わる。模範的生徒といわれる人が、無差別殺人事件を起こすのに似ている。

現実の世界でも真犯人を間違えることがあるが、それは珍しいことであろう。それに比べて、心の世界での真犯人は驚くような人であるために、冤罪《えんざい》は決して珍しいことではない。

モラル・ハラスメントの被害者は無実の罪に苦しめられている人である。世の中はこれほど社会的な冤罪を騒ぐのに、モラル・ハラスメントの被害者の問題を騒がないのは、日本には心で人を見る習慣がないからであろう。

うつ病問題がこれほど騒がれながらも、モラル・ハラスメントの視点から論じられないのも不思議なことである。

逆にモラル・ハラスメントの加害者が、「自分は被害者である」「私は犠牲者です」として本当の被害者を訴えていることはよくある。それを客観的証拠主義の裁判で裁くことはきわめて難しい。

モラル・ハラスメントの被害者が訴えた時には、証拠がないから救われない。

夫を二重に束縛する妻

四〇歳の奥さんが「主人のことなんですけど、どこかからお金を百万ぐらい借りているみたい」と、いかにも不満気な声を出している。借金のカードがたくさん出てきた。彼女は隠してあったのを見つけた。彼女に黙って貯金も下ろした。

「何に使っているのかなあ？　おかしいな。それで不信感が強くなった。私はだまされているような気持ちになってしまった。私は真面目で一生懸命やってきた。自分は家庭を守っている」

問い質《ただ》したところ、主人は「人に貸した」と言う。しかし、彼女にはそういうふうには見えない。とにかくご主人が何に使っているのか分からないという。彼女はご主人が今お小遣いをいくら持っているか知っている。そこまでご主人を管理していながら、ご主人が自由だと言い張る。

ご主人は体を壊すくらい、お酒を飲んでいる。であれば、借金は飲み代ではと思って言うと「そうではない」と、また言い張る。

「私は、夫にいつもお酒は飲んでもいいと言うんですね。だけど毎日続くと、体にもよくないし、仕事にも辛くなるので、そういうことで、彼にお酒を飲みに行かせるんですけど」

だからいくらぐらい飲んでいるか、どこで飲んでいるか場所も知っているという。こういう母親は子どもにも「飴、美味しければたくさん食べてもいいわよ。でも虫歯にならないようにね」と言う。

「ご主人は何か面白くないのではないですか?」と言うと、たちどころに「そんな事はありません」と言う。「私は好きなように自由に飲みに行ってもいいと言うんです。だから不自由で、面白くないなどということはありません」と言う。

そう言いながら、「あっち行ったりこっち行ったり飲みすぎるんですよ。限度がないんですよね」と、いかにも不満そうに言う。

「ご主人はあなたから解放されて飲みに行きたいのでは?」と言うと、「だから私は毎日あなたの好きなようにしていいと言っているんです」となる。

慇懃無礼《いんぎんぶれい》という言葉がある。言葉の背後にあるものが言葉と正反対ということがよくある。黙ってしていることが、何かを伝えるということもある。

彼女は言葉としては愛情を伝えているのだけれども、顔色や言葉の調子という非言語的なところでは拒否を伝えている。「杖を挙げて犬を呼ぶ」という格言がある。言葉としては犬に来いと言っているが、言葉以外のところでは犬を追い払っている。

この奥さんは夫が自分の言葉を、そのまま愛情と受け取り感謝しないことを怒っている。これを二重束縛という。

彼女は言葉としては、「あなたは自由である」と言う。しかし、言葉以外のところで束縛している。彼女の態度は防衛的なのである。防衛的とは実際の自分を知られまいとする態度である。彼女は、自分は夫を束縛しているのに、自由にしていると私に印象づけようとしているのである。

付き合いができない人は、実際の自分と違う自分を相手に印象づけようとしている人である。おそらくこの夫は「あなたは自由である」と言われながら、彼女の心の底にある管理を察知してやり切れないのであろう。

矛盾した時には真実は非言語的メッセージにあるというのは、コミュニケーション論としては当たり前のことである。

自分の意志さえ奪われるモラハラの被害者

好意的サディストも二重束縛である。言語的なメッセージは「あなたさえ幸せならそれでいいの」と愛の言葉を言いながら、自分のサディズムを満足させている。

「あなたさえ幸せなら」と、自分のサディズムを合理化している。メサイア・コンプレックスといわれるものと同じである。「人類を救う」と自分の劣等感を合理化する。

自己犠牲的献身は強度の依存性の表れとは、フリーダ・フロム・ライヒマンの名言である。相手に自己犠牲的に献身しているようであるが、実は相手を支配している。もちろん、本人は相手に自己犠牲的に献身していると思っている。

子どもを束縛して、その上で「あなたは自由に育った」という親がいる。恐ろしいのは、このようにモラル・ハラスメントの加害者は、意識の上では本当に子どもに対して「あなたは自由に育った」と思っていることである。さらに子どもの心に手錠をかけて束縛しながら、子どもには「私は自由に育ててもらった」と感謝することを強制している。

この心理過程を肉体的なことに置き換えると、その恐ろしさが分かりやすい。肉体的に親は子どもを殴る蹴ると虐待する。子どもは「痛い！」と感じる。しかし、「痛い！」と感じることを禁じられている。逆に「気持ちよい」と感じるように強制される。

子どもは殴られながら「気持ちよい」と感じる。そうなれば、子どもは何が何だか分からなくなる。そうなれば、一人の世界に引きこもるしかない。それ以外に対処のしようがない。

こうして育てられた人は、虫で言えば全部触覚を取られたようなものである。五感を奪われることとは、自分の意志を奪われることである。

自分の感じ方や自分の意見が、親の感じ方や意見と違うことが恐ろしい。そこで相手の要求にあわせているうちに自分自身の感じ方とか、意志とかを失っていく。

五感を奪われるということがどういうことか、なかなか普通の人には理解しがたいことがあると思う。例えば、部屋の温度がちょうどよいのかよくないのかが分からないのである。快適ということが分からない。英語でいうカンフォタブルということが理解できない。

だから夏でも冬でもいいが、他人の家の部屋にいて、例えば冷房の温度とか、暖房の温度とかについて「寒すぎますか？」とか「これでいいですか？」と聞かれても分からない。どの温度が自分にカンフォタブルかを理解できないからである。

夜寝るときに何度にしたら快適かが分からない。だから他人の家に泊まって「これでいいですか？」と聞かれれば「いいです」と言う。

どの温度が自分が寝るのに快適かが分からなければ、何度にされても「これでいいです」としか答えようがない。すべてが「いい」のである。逆に言えば、すべてが「それでは悪い」のである。

それは料理の温かさでも同じである。どの程度、煮ているのがいいのか、聞かれても分からない。ビールの冷え具合についても同じである。何についても「これでいいですか？」と聞かれれば「これでいいです」としか答えようがない。何についても自分の好みがないのだから。

加害者は心理的に弱い人

「私さえ犠牲になれば……」と言う人は、周囲の人を踏み台にして自分だけは幸せになろうとしている。本当にそう思っていれば、そんなことは言わない。

ここでも問題は、「私さえ犠牲になれば……」と言う人は、意識の上でそう思っているということである。「あなたはずるい」と言われても認めない。認めないどころか火がついたように怒る。

「私さえ犠牲になれば……」と言うことで相手を思うように支配し、相手から愛情を求めているということを絶対に認めない。そういう人は「実際の自分」の心をどんなことがあっても認めない。

そうして自分との関係で弱い立場にある人を獲物にしながら生きていく。これがモラル・ハラスメントの加害者である。自己犠牲的献身という美徳で相手の心に手錠をかける。そして相手を思うがままに操作をして、自分は立派な人になる。

アラン・マクギニスというアメリカのカウンセラーは、ある著書(註36)で無気力になった五〇代の患者の例を出している。

彼女の母親は怒らなかったが、傷ついて何日も不機嫌になった。この母親は涙を無慈悲に利用した。泣くことで娘の感情を操作したのである。その結果が、この患者の無気力である。

実は涙は脅しなのである。この母親の涙は「こんなに私を辛くするあなたがいけない」というメッセージである。この母親は涙を利用しないで「やめてくれ!」と言えばよい。しかし、この母親は心理的に自立できていないから、「やめてくれ!」と言えない。

こういう心理的に弱い人は、つねに自分の意志をハッキリと言えない。そして最後は周囲の人から嫌われる。

隣の家が二階を建てた時に「やめてくれ」とは言わない。そして「よいお宅を建てましたね、私の家は日陰になっているわ」というような言い方をする人である。

マクギニスは「あなたはよくそんなことができるわね、ママをこんなに傷つけて」というような言い方はよくないと書いている。しかし、ではどういう言い方がよいかは書いていない。こういう場合には、「私はイヤだ」と言うことである。

無意識に取引する

私たちは「譲る」とか「尽くす」ということを高く評価するのと同じように「愛する」ということも最高の価値と考える。しかし、時に愛しているように見えるが、愛しているのではなく支配しているということがある。

これが何度も言うように、フロムのいう「好意的サディズム」であり、カレン・ホルナイのいう「サディズム的愛」である。

つまりある行為は、一見して愛しているように見えるけれど、実は愛しているのではない。それは相手を支配するためにしている行為である。本人も自分のしていることに気がついていない。だから始末が悪い。

人には意識されている動機と意識されていない動機がある。そして問題を起こすのは意識されていない動機である。このような人は、心の底は憎しみに満たされている。

「あなたさえ幸せなら私はそれでいいの」に隠されたメッセージは、私はあなたに「やってあげますよ」ということである。そのやってあげている好意は、カレン・ホルナイの言葉を使えば賄賂である。

賄賂だから、「だから、あなたは私に何をしてくれる？」という意味になる。無意識に取引をしている。無意識に相手を縛っている。

「あなたさえ幸せならそれでいいの」

それは非利己主義の言葉である。しかし、言っている本人は神経症者。つまり冷たい利己主義者。こうした言葉は子どものエネルギーを奪う、子どもの生き血を吸う。

表面は何も悪いことをしていない。それでいて人を翻弄する。しかも期待どおりいかないと失望のため息をする。

ひどい親になれば、子どもが困ったときに、それを喜んでみている。憎しみの感情に囚われた親は、子どもが困っていることを見るのが慰みである。

好意的サディズムやサディズム的愛であれば、自分から子どもを困る状況に追いこんで、子どもが苦しむのを見て、自分の心を慰めている。

だから子どもが困って助けを求めているのを無視して、喜んで笑っている親もいる。

それでも子どもは「親を悪く思いたくない」という気持ちを持っている。それが人間である。

人は自分の中で、どうしようもない感情の激突がある時がある。多くの人は憎しみのほうを抑圧する。

「厳しい躾はあなたのため」は嘘

親が成績や躾に厳しくなる時は、「あなたのためを思って言っているからこそ……」とか「お前の将来を思えばこそ」と愛の言葉を言うが、実は隠された真の動機は愛ではない。

親は不安や恐怖に悩まされ、心の葛藤に苦しんでいる。その心の葛藤の解決を親子関係に持ち込む。

そうなれば、子どもを自分の思うように支配する必要がある。子どもを束縛する必要がある。そうでなければ自分の心の葛藤は解決できない。

「お前の将来を思えばこそ」という愛の言葉は、自分の中の不安や恐怖に愛情という仮面をかぶせて表現しているだけである場合が多い。つまり、親が子どもを束縛することを合理化しているだけのことである。

過干渉の人は、人を操作する人である。「あなたのためを思って」とうるさく相手につきまとう。淋しいからそれをしているのに、「あなたのため」という言葉で合理化する。

無意識に淋しさを隠している限り、「あなたのためを思って」とうるさく相手につきまとわざるを得ない。その人の「無意識の必要性」は淋しさを癒すことである。心に葛藤のある人は、淋しくても「私、淋しいの」と素直には言えない。

タイプAといわれる仕事依存症の人たちはものすごく働く。そして「家族のため」と合理化する。しかし、働きすぎるほど働くことの本当の理由は、周囲の世界への復讐のためである。

子どもに対する厳しすぎる躾は、親の心の中の不安や恐怖や孤独を解決するためである。そのために躾をおこなっているにすぎない。そのために束縛することが必要になる。だから躾に成功しない。

子どもに厳しい躾をしている間は、つまり束縛している間は、親は自分の心の中の不安や恐怖や孤独から眼を背けていることができる。

「厳しい躾は、あなたのために」というのはまったくの嘘である。フロムの言葉を使えば、好意的サディズムであり、カレン・ホルナイの言葉で使えば、サディズム的愛である。いずれにしろ、サディズムが愛の仮面を被って出てきているだけである。

まさにモラル・ハラスメントである。

いつも叱る親はストレスが強い

子どもが万引きをした。それなのに子どもは平気な顔をしている。母親はそれが許せない。そこで子どもを厳しく叱る。でも、親の気持ちはまだモヤモヤしている。今度は、子どもの顔をたたく。

それで母親は、自分は立派な母親と思っている。しかし、母親は自分の中の不安と恐怖や孤独や支配意欲を解消しようとしているだけである。

いつも叱る親はストレスが強い。そして憎しみがある。その憎しみを無意識に追いやる。その結果、不安になる。いつも子どもを叱るのは親が、その不安に苦しめられているからである。それなのに自分は素晴らしい親と思っている。

親の厳しい躾に苦しむ高校生である。

「私立高校の教師をしている父は、自分の教育法こそが第一であると信じ、高校も父が選びました。反発したくとも、父には現在まで暴力で圧迫されておりましたので、自然と恐怖心が先に動くようになり、何も言えませんでした。中学校の頃から家庭教師をつけられ、一日に五〜六時間、日曜日から土曜日まで、ただただ勉強だけを強いられ、テレビ、ラジオ、漫画本は一切許されませんでした」

その後、この子は苦しくて床をのたうち回っている時に、病院に連れていかれた。

「即入院、検査ということになりました。脳波の検査では、三回目でようやく『異常なし』と言われましたが、CTスキャンでは多少不審な点も見られました。ですが父の『勉強が遅れる』の一言で、はっきりしたことがわかる前に強引に退院させられました」

本当の躾とそうでない躾の見分け方

親は「嘘をついた！」と言って小さな子をたたく。これは嘘をついてはいけないということを教えているのではない。嘘をついてはいけないという美徳を手段にして、子どもをいじめているのである。

自分の心の葛藤からくるイライラから子どもを叱っているだけである。原因は自分の心の中にあるから、子どもを叱っても、叱っても気持ちはなかなか収まらない。

親の人生は空虚で、無意味である。そこから目を背けたい。そこで、しつこく叱ることになる。翌朝になっても空虚感や無意味感は消えていない。だから、翌朝もまた同じように子どもを叱る。

母親は自分の期待が何も実現できないので、自分の人生に対する怒りを持っている。苛立っている。

子どもの何でもない嘘に因縁をつけて、それを自分の苛立ちのはけ口にしている。子どもの嘘が苛立ちの本当の原因ではないから、子どもを叱っても苛立ちは残る。

正論で叱る時に、もっともらしく見えるが、子どもに当たった場合には、それは自分の怒りの合理化である。

本当に叱っている人と、そうでない人はどこで見分けることができるか。カレン・ホルナイの言葉を借りれば「彼女は何をしても楽しくない(註37)」。

自己憎悪している人は何をしても楽しくない。自己憎悪が子どもを叱る本当の原因である。生きていることが楽しくない人が厳しい躾をしている時には、それはモラル・ハラスメントである。

美徳を楯にいじめられた人の心理

子どもはいつも美徳を盾に叱られている。このモラル・ハラスメントの結果どうなるか。「何が食べたい?」と聞かれても、食べたいものが言えない。

いつも叱られているから、恐怖感がある。だから子どもは自分が好きなものが分からない。自分の目的が見つからない。

また自分の嫌いなものも分からない。こうして人生に絶望した人ができあがる。これが美徳を楯にいじめられた人の心理である。

子どもが万引きをしたのは、多くの場合、淋しいからである。母親の関心が欲しいからである。母親が自分の心の葛藤に心を奪われて子どもに積極的な関心がないから、子どもは淋しかった。

子どもは字が書けない。母親は子どもの能力に不安である。そこで先回りして書いてしまう。そして母親は、自分は立派な母親と思っている。

しかし、先回りして書いてしまうのも、母親は自分の中の不安と恐怖の合理化である。不安と恐怖を解消するための行為である。

母親は「宿題したの？」と聞く。自分は子どもに勉強をさせようとしていると思っている。それは親が、子どもの担任の先生からいい親と思われるため。先生にどう思われているか自分が気になるからである。

そうしていつも叱る母親は、自分は合理化していると思っていない。「子どものため」と思っている。しかし、時に「宿題したの？」は自分の心の中の不安と恐怖から出た言葉かもしれない。

なぜ、教育熱心な家庭から問題児が出るのか。これが理由である。自分が心に葛藤を持ちながら、どんなに子どもを立派に育てようとしても無理である。子育ての前に自分の心の葛藤を認め、それを解決しようとすることである。

親だって人間である。好きこのんで心の葛藤に苦しんでいるわけではない。そうなるには、そうなる歴史があってそうなっているのである。だから、それを認めることである。

自分の心の葛藤を認めることと、その自分を責めることは違う。親だって、理想的ではない親に育てられているのである。

正義で悩みは解決しない

息子が非行に走った父親である。父親は「私は今まで子どもに正しいことしか言ってきません。いつも叱っていました」と言った。そして「人の物を盗んではいけないと子どもには言ってきました」と主張するのである。

父親は、単に自分の心の中の怒りを息子にぶつけているだけである。モラル・ハラスメントをしているだけである。難しく言えば自己憎悪の外化である。自分自身に対する怒りを、子どもをとおして表現しているだけである。それも正義の名の下に。

この父親は、子どもを操作するために煽《おだ》てることはあるかもしれないが、決して子どもを誉めない。子どもを叱るだけである。

それは自分が自分に対して怒りを持っているからである。自分が自分を嫌いな親は決して子どもを誉めない。こういう父親は道徳家に見えるが、心を見ればサディストである。

「日常生活では彼らは際限もなく非現実的なほど高い要求を周囲の人にする」(註38)

もちろん彼らは、自分はサディストとまったく意識していない。

この父親は「なぜ子どもは非行に走ったか？」と決して考えない。子どもが何かを盗む時には愛を求めていることがある。子どもが盗みをした時に、子どもはなぜ盗みたくなったのか？　それを考えるのが親である。

親に不満はないのか？　盗みをした子どもの心の迷いは何なのか？　子どもが他人の家の金品を盗む時には、本当に欲しいものが手に入っていない時である。

両親は「なぜ子どもが他人の家のものを盗むのか」を反省する必要があるだろう。自分たちは他人の家をバカにした言動をしていないか。食事中の話題がそういうものではないかなどである。

盗んだことをすべて子どもがしゃべった時には、それ以上子どもを責めないことであろう。子どもが悪いことをしたと思ってしゃべっているのにさらに責めるのは、子どもを責めることで親が自分の心の葛藤を解決しているのである。

子どもが悪いことをした時には、親にとってモラル・ハラスメントの絶好の機会である。自分の心の葛藤を解決するもっとも安易な方法は、人を巻きこむことである。モラル・ハラスメントの親は、まさにこのことをしている。

私は精神科医の学会で、次のように講演で話したことがある。

「正義で悩みは解決しません。正義で患者は治りません」

同じようにPTAで次のように講演で話したことがある。

「正義で子どもは成長しません」

モラハラは矛盾した要求をする

モラル・ハラスメントをされて成長した人は、いじめられているのにいじめられていることに気がつかなかったり、いじめられていないのに、いじめられていると感じる。

後者の場合、つねに被害者意識を持って生きている。小さい頃からのモラル・ハラスメントの被害者は、大人になるといじめられていないのに、いじめられていると感じる。

モラル・ハラスメントの加害者のようなサディストといることでもっとも恐ろしいことは、楽しむことができなくなることである。心の自由に対して罪の意識を持つことである。

何も外側からの束縛はないのだけれども、自分の心が自由になれない。

サディストは相手が苦しむことが願いである。苦しむのを見て心が癒される。したがってモラル・ハラスメントの被害者は、苦しむことが相手の期待に応えることである。逆に楽しむことは罪である。

相手に罪の意識を持たせて相手を支配する。その人と一緒に生活をしている。そうなれば、生きることを楽しむことは絶対に許されないことである。相手が楽しむことができなくなることで加害者は安心する。

楽しむことに罪の意識を覚えることは、モラル・ハラスメントの被害者の最大の悲劇である。

ただ、モラル・ハラスメントの加害者の要求は矛盾している。サディストだから相手が苦しむことが願いである。

したがってモラル・ハラスメントの被害者は、その期待に応えて、楽しむことを自分に禁じなければいけない。楽しむことに罪の意識を覚えなければいけない。

しかし同時に、「私はあなたのために、こんなに素晴らしい人生を送れる」とモラル・ハラスメントの加害者に感謝しなければならない。モラル・ハラスメントの被害者は、絶対に両立しない矛盾した要求を突きつけられる。

さらに複雑なのは、モラル・ハラスメントの加害者は相手に恩を着せる。つまり、相手に「あなたのために私はこんなに素晴らしい人生を送れている」と示さなければならない。

モラル・ハラスメントの被害者は心に手錠をかけられて、自由を奪われる。その上で「私はこんなに自由です、生きることはあなたのおかげでこんなに楽しいです」と思わなければいけない。

この矛盾した要求の中で、モラル・ハラスメントの被害者は自分一人の世界に引きこもるしかなくなる。このことはすでに述べたとおりである。

外の現実と接することができない。外の現実は「ない」ものとする以外に生き延びる方法はない。外の現実はないものとして自分一人の世界で生きている。つまり、外の世界に興味を持つことはできない。外の世界に興味を持ったら、そこはまったく矛盾しているのだから、そこと接して生きていこうとしたら気がおかしくなってしまう。

錯覚を自覚することが人生のスタート

モラル・ハラスメントの被害者が、まず考え方を変えなければならない。

第一に自分は楽しいことをしてよいのだということである。楽しいことは罪ではないということである。自分が楽しめばよい。

今まで外の世界は矛盾した要求を突きつけてくると心の底で感じていた。しかし、それは単にある一人の人間の要求である。

一人の神経症者の要求で、外の世界一般の要求ではない。それは人生の法則ではない。

別にモラル・ハラスメントの被害者が感じているほど、現実の世界は矛盾しているのではない。本当は現実の世界は被害者が感じているほどひどい世界ではない。現実の世界には「私が楽しむことを見て、喜ぶ人がいる」という現実認識が必要である。

今までは現実の世界に接しないで生きてきた。幻想の世界で生きてきた。そしてモラル・ハラスメントの被害者は、現実の世界をまったく錯覚していた。モラル・ハラスメントの被害者は、そのことを自覚することから自分の人生をスタートする。

とにかく「私は実はサディストと一緒に生きてきたのだ」という自覚である。その結果、自分の心は崩壊しているということを認識することである。

自分の価値観は歪んでいる。歪んでいるというレベル以上である。現実の世界とは無関係に、心の中でたった一人で生きてきた。この世の中に生きていた自分の体は単なるロボットで、世界になんの興味も関心もなく生きてきた。

とにかくサディストによって生産された自分を壊すことである。

見えないカルト集団は世界中にある。見えるカルト集団は皆が警戒する。社会が取り締まる。

今の日本はなぜこんなに暗いのか。なぜ人々はこんなに辛い顔をしているのか。なぜこんなに不自然な表情なのか。

第3章

モラル・ハラスメントの心理的罠

感情的恐喝という手段

「私はあなたを信じているのに、なぜあなたは私を信じてくれないの？」

これが感情的恐喝である。そう言う人は、こんな言い方で相手に何か不当な要求をしている。感情的恐喝をする人は、相手に何か特別なことを要求している。感情的恐喝をする人は、相手を舐《な》めている。

「信じてくれませんか？　信じてくれなければ、どうしようもないです」

これを言う人は、本当に人を小バカにしている人である。善良な人が真剣になると、ずるい人は、その真剣な人を舐める。

こういうことを書くと、「そんなに悪く解釈しなくても」と言う人がいる。そういう人は、いつも人を利用しようと思って、手抜きをしてきた人である。

自分が誠実に人に対していないから、裏切られた体験がない。

人と正面から向き合ったことがないから、人から騙されたことがない。真剣に人のことを考えて行動してきた人なら、誰でも数回はずるい人からひどい目に遭っている。怒る人は誠実な人なのである。怒らない人はずるい人である。

人を騙す人は、時に哀れみを売る。真面目な人を演技して、相手に自分をいい人と思わせる。

男と女の関係でも同じである。

「私を疑うのね。あなた、私を疑っているのね」

この言葉は牙。「私を信じられないの?」。そう言われると「そんなことないよ」と言ってしまう。これが感情的恐喝である。感情的恐喝はモラル・ハラスメントである。

先にも書いたとおりモラル・ハラスメントは、それをする人の性格によって方法が違う。

この感情的恐喝を使ってモラル・ハラスメントをするのは、主としてカレン・ホルナイのいう迎合的性格の人である。(註39)

「私を信じられないの?」と言う時には、その人自身が相手を裏切っている。もう一度言う。そういう人は、相手を舐めている。こういう人がまわりにいると病気になる。

「私を信じられないの?」と言われて、相手を信じた行動をして騙される。そういう人は、「ああ、騙された」と分かった時に、悔しくて、それがストレスになって体を壊して死んでいく。

普通の人は、「何を疑っているの?」と言う。「私を信じられないの?」とは言わない。

人を騙そうとする人は、まず感情的恐喝から入る。

例えば、ある人の財産を騙し取ろうとする人がいる。そうすると、「家族だから」とか「お互い日本人同士だから仲良く」とかいう美辞麗句の良識で、相手が反対しにくいようにする。そうしておいて何かを提案してくる。

普通の人は正面からくる脅しに対しては戦う。しかし、普通の人は感情的恐喝に対しては戦いにくい。

騙されたと気づいた時はもう遅い

「軒を貸して母屋を取られる」ということわざがある。「困った人に軒も貸さないのですか」というのが感情的恐喝である。そう感情的に恐喝されて軒を貸してしまう。そして最後に母屋を取られる。

感情的恐喝をされた時に、しっかりと認識しなければならないことは、感情的恐喝をする人は、質の悪い人だということである。感情的恐喝をする人を絶対に信用してはいけない。感情的恐喝をする人を信用したら、必ず地獄に行く。

立派なことを言う時には、その裏に醜い欲望がある。人を騙す人はいつも立派なことを言う。その汚れた欲求を満たすためには、相手に対して立派なことを言うのが一番である。

感情的恐喝をする人に比べたら、直接暴力を振るう人のほうがまだよい。感情的恐喝をする人は肉体的に手足を縛るのではなく、心理的に手足を縛る。何度も言うように心に手錠をかける。

「軒先だけ」とか「ちょっとだけ」と言うのは、きわめて悪質な言葉である。「ちょっとだけ」と言うのは騙しの常套《じょうとう》的な手口である。「ちょっとだけでいいですから」と言う時は、最初から計画的に相手を騙そうとしている。

そして最初から騙そうとしているから、一つひとつの「ちょっと」の証拠をなくしていく。「騙された」と気がついた時には、もう完全に取り返しのつかない状況になっている。

「軒先だけ」と言う人は恐ろしい人である。「ちょっとだけ」と言う人は「全部取ろう」とする人である。いきなり「母屋をよこせ」と言う人のほうがよほど善人である。

「雨に濡れて困っている人に、軒先だけでも貸していただけないんですか？」と言われるとなかなか断れない。断れないのは、コミュニケーションが下手で、かつ善良な人である。

こういう人は、こうして感情的に恐喝されて母屋を取られる。「母屋を取られた」と分かった時には、怒り心頭に発する。しかし、もう遅い。最初から「母屋をよこせ」と奪おうとした人と闘って「母屋を取られた」のなら、それほど頭にこない。

怒り心頭に発した時には、説明能力はない。最初から「こうして私は騙された」という細かいことの経過を、他人に説明する心理的余裕などない。

そこで暴走して社会的事件を起こす人がいる。そして社会は、その人を取り締まる。騙した人は引き続き善人の顔をしている。

感情的に恐喝されて「母屋を取られた」と分かった時には、すでにもうどうしようもなくなっている。相手は計画的に騙しているのだから、騙されたほうは抗弁できないようにされている。ただ、怒りに震える。暴力を振るう。

しかし、周囲の人には、その人がなぜそこまで怒っているのか理解できない。

ずるい人は立派な言葉を使う

感情的に恐喝されて、結果として逃げた人の尻拭いをさせられる、搾取タイプの人から搾取される。どう考えても相手が悪い。

感情的恐喝をする人は「友だちなのに、そんなこともしてくれないの？」というような台詞で、相手を追いこんでいく。

しかし、世の中の人は必ずしもこうした場合に、相手が悪いとは言わない。相手は見えないように悪いことをするからである。質の悪い人は証拠を残さないで悪いことをする。

このようなことをされれば誰でも悔しい。悔しくて気が変になりそうになる。こうしたことを何度も何度も体験し続ければ、やがて全身が憎しみの塊になる。そこで心理的におかしくなっても不思議ではない。つまり、心が崩壊する。

何をしても楽しくない。誰も彼も嫌い。何もかもが辛い。生きることも死ぬこともできない。夜は眠れないが、昼も起きていない。自分が自分でない。

こうした段階では憎しみはある特定の人に向けられたものではなくなる。誰かれかまわず憎しみの対象になる。対象無差別の憎しみである。そうなったら、その人は社会的にはすでに断崖絶壁のところにきている。いつ傷害事件を起こしてもおかしくはない。

対象無差別の憎しみを持つようになった人は、心の底では、「何で俺の人生だけが、こんなに苦しいのだ」という不公平感を持っている。このようなことが小さい頃から続いて、怒りと憎しみが抑えることができなくなった時に、人は無差別殺人に走る。もはや特定の誰かが憎らしいというような感情の段階ではない。

自分をここまで追いやった人ばかりでなく、世の中のすべてが許せなくなる。暴力に走ることもある。ここまで我慢をしてきた経緯を、他人に分かるように説明する心理的なゆとりはもうない。

あまりにも激しい憎しみで、一つひとつを他人に分かるように説明できる段階ではない。憎しみの感情が溢れてきて、相手が理解できるように説明する能力を失っている。社会的な人間としての機能障害を起こしている。

そこまで長いこと我慢をしてきたということである。一つひとつの我慢は、最初は小さい。しかし、我慢を続けていると、我慢をする力は落ちてくる。

そして世の中の人は「家族同士、仲良くしたほうが」と言う。「隣人同士、仲良くしたほうが」と言う。「友だち同士、仲良くしたほうが」と言う。

そういう立派な言葉を言う人は、皆ずるい。そう言って感情的に相手を恐喝し、心理的に手足を縛って相手に反対させないで、相手から取っていくのである。

そういう立派な言葉を言っているのは、相手のものを取ろうとしているからである。立派な言葉は、相手の心に手錠をかけるための言葉である。

皆がいる時には、その「友だち同士、仲良くしたほうが」とか「家族同士、仲良くしたほうが」という立派な言葉のラッパを吹いている。しかし、世の中の人はそのラッパを吹いている人の心の中は見えない。

愛のラッパを吹きながら搾取する

少し序章で触れたが、なかなか売れない問題のある土地を、いかにして不動産屋が売るかということである。その時にトラブルが起きる。

ある時に家を建てられない土地を売るチャンスがきた。つまり、「隣人同士、仲良くしたほうが」と言って、その隣の家の塀や門を壊し、その敷地に工事の車を入れてしまえば、その売れない土地に家は建つ。

つまり、家が建たない土地を売るのに、隣の家の塀を壊し、隣の敷地を利用すれば、売れない土地の上に家が建つ。つまり、二束三文の土地が大金に化ける。そこで不動産屋は「隣人同士、仲良くしたほうが」と言って、隣の家の塀を壊し、門を壊した。

「みんなが少しずつ我慢をすれば、街はきれいになっていくのです」という立派なことを言って家の門や塀を壊した。このような美徳を言われたら、普通の人は断れない。

もちろん、「元に戻す」という約束をして壊してしまった。家が建ってしまえば、もう元には戻さない。感情的恐喝をする人はいったん強い立場に立てば、がらりと態度を変える。

「隣人同士、仲良くしたほうが」と言われれば反対はしにくい。それが感情的恐喝である。

「あなた様がちょっと『一時《いっとき》だけ』、壁をさげてくだされば、それで○○様のお宅が建つのですから、そのご親切をお願いしたいのです。『もちろん、すぐに元どおりにさせていただきます』」と再三言われ続けたら、たいていの人は断れない。それが感情的恐喝である。

「あなた様のご協力がなければ、○○さんは家が建てられなくて困られてしまうのですから」と言われたら、たいていの人は承諾する。不動産屋の「お金儲《もう》けの欲望」が「隣人同士、仲良くしたほうが」という隣人愛の仮面を被って登場してきているのである。

普通の人は、いきなり「お隣同士、仲良く」と絶対に言わない。時間を経て「お隣同士、仲良く」なるのである。それを最初から「お隣同士、仲良く」と言うのは、そう言いつつ不動産屋さんと、その土地を買う人が不当な利益を上げるためである。

感情的恐喝をするような質の悪い人は、証拠を残さないで、愛のラッパを吹きながら、搾取していく。

善人の顔をした悪人に注意しよう

そして、そういう問題の土地を買う人は、買う人でまた欲の皮が突っ張っているから、相手に迷惑をかけても自分が得すればよい。隣人の犠牲や親切には感謝はしない。

しかも騙される人は、「元に戻す」と言って騙されたという証拠がない。怒り心頭に発している人は、その立派な言葉で脅されて、自分の大切なものを奪われているのである。

家が建たない土地に家を建ててしまった人は不動産屋から買っているから、隣人の家の門を壊したのは自分ではない。だから、感謝はしない。それどころか住みにくいから隣家に文句を言う。

そこで門を壊されて、壊されたままに放置された家の人は心底怒る。ついに怒りを抑えきれず暴力を振るってしまった。あまりのひどさに暴力を振るっても、「暴力はいけません」式のことで、今度はそちらが悪くなる。

その人はついにストレスから体を壊して入院し、変わり果てた姿で死んでしまった。

「しかし、意識的な闘いにもはや耐えられなくなった時、その理由が、闘いの激しさが加わったためにしろ、不成功のためにしろ、生物体は症候的変化を示す」(註40)

まさにストレスからの肉体的な症状変化である。私はその変わり果てた姿を見て、善良な人を感情的に恐喝して騙す人をどうしても許せないと思った。

その人は子どもがいなかった。おそらく、その夫婦は不動産屋とその隣人のところに化けて出るであろう。奥さんは一人残されて、やがて後を追うようにして死んでいった。

しかし、そのことは周囲の人にはなかなか理解してもらえない。それは不動産屋と土地を買った隣人の周到な罠にはめられているから証拠がない。

騙された人は自分の正当な怒りを理解してもらえない。もっとも質の悪い人は、いつも「愛や正義の仮面」を被って登場してくる。

騙そうとした人は計画的に動くから、証拠は残さない。そして騙される人は、つねに不利な証拠を作らされる。証拠主義の裁判ではどうしても騙す人は、決定的に有利である。騙される人は決定的に不利である。つまり、証拠主義の裁判では正直者がバカを見る。

泥棒が泥棒として世の中に現れるのならいい。悪人が悪人として世の中に現れるのならいい。いかにも悪い人という顔をした悪人がいる。そういう人はいい。人を本当に深く傷つける人は、いつも「愛や正義の仮面」を被って登場する。そして善良で弱い人を狙う。善良で弱い人は、つねにずるい人の餌食になる。心をずたずたにされる。

質の悪い泥棒は、感情的恐喝をしてやさしい人を痛めつけながら、金儲けをする。善良な人の人生を狂わせる。感情的恐喝をするような質の悪い人は、証拠を残さないで、愛のラッパを吹きながら、搾取していく。

そこで取られたほうは、自らの怒りを説明もできず、カッとなってしまう。怒りを抑えられず暴力を振るって、犯罪者になっていく。

たとえ暴力を振るっても、やられっぱなしの人はやさしさがある。弱いけれどもやさしさはある。社会が認めてくれないだけの話である。あるいは暴力を振るえないで、我慢からストレスで体調を崩し、癌《がん》で死んでいく人もいる。

美徳によるいじめをサディズム的愛として説明した。それが、この本でいうモラル・ハラスメントの本質的要素である。感情的恐喝は美徳による恐喝である。

突然、猫なで声を怒鳴り声に変える

親しみやすいような顔をしていた人が、憎々しげな顔になる。なよなよと女性のような声を出していた男性が、突然がらりと態度を変えて太い声で罵声を浴びせ始める。

「それは、それは感謝をしております」と気持ちの悪いような、なよなよとした声を出していた男性が、突然ものすごくあつかましい態度になり、「バカじゃないの、そんなことあるわけねえだろ！」と怒鳴り出す。

普通の人はあまりの態度の変化に驚く。しかし、驚いた時にはもう遅い。すでにはめられている。

「私の願いは、皆さんが仲良くしてくださることです、お隣同士仲良く、それが私の一番の願いです」と言っていた人が、突然がらりと態度を変えて、「人の言うことなんか信じたのかよ、よくそれで今まで生きてこられたな、バカじゃねえの。その場で紙に書いたものに判子を押さなければ、口で言ったことなんか何の意味もないだろ、バカ言うんじゃねえよ」と怒鳴り出す。

「あの時に約束したではないか」という質問に、「口で約束したことなど何の意味もないだろ、バカ野郎」と平気でいう。バカ丁寧な言動が、いきなり「煩《うるさ》い！　黙れ」という態度になる。感情的恐喝をする人は、いったんこちらが弱い立場に立てば、とことんいじめにかかる。弱い立場に立ったら、これでもかこれでもかとひどい仕打ちにあう。

「そこまでするか」ということを超えて、ひどいことをする。そこまでの極悪人でなければ感情的恐喝はしない。それほど感情的恐喝をする人は恐ろしい人なのである。このことがモラル・ハラスメントの被害者には理解できていない。

感情的恐喝をする人は、自分の利益のためなら何でもする。誇りがない。だから、何でもできる。裏切ることも、騙すことも、搾取することも、嘘をつくことも、何でも平気でできる。感情的恐喝をする人は、人の中でもっとも質の悪い人である。暴力団は暴力団の顔をしている。チンピラはチンピラの顔をしている。しかし、感情的恐喝をする人は、善良な市民の顔をして、「愛と正義」を唱えながら、やることは盗人以上である。

人を怒鳴っておいて、それが自分にとって不利益になると分かれば、今度はがらりと態度を変えて、「ごめんなさい。あの時は、あれは私の本意ではございませんでした」と笑顔で平気で言う。

前に言ったことと、今言うことが矛盾していても、何にも気にならない。とにかく人は操作の対象でしかない。愛の対象ではない。自分がお金のためなら何でもするからこそ、逆に人を「あなたは、お金のためなら何でもするのですか」と感情的に恐喝する。

サディストは自分の願望に気づかない

感情的恐喝をする人は、ヒステリー性格の人と同じように自分が強い立場に立った時には、とことん利己主義を貫きとおす。血も涙もない冷酷さで徹底的に利己主義をとおす。そして弱い立場の時には感情的恐喝をして、その場を切り抜ける。

その人が強い立場に立った時と弱い立場にいる時では、別の動物になる。

自分のほうがお願い事をする時には平身低頭し、なよなよとして善人を演じ、徳と善を説き、感情的恐喝をし、いったん強い立場に立つとがらりと態度を変えて、細かいことまで主張して病的なエゴイズムを発揮する。

弱い立場の人間をとことんいじめることに何も感じない。とにかく自分が得するためなら何でもするのが、感情的恐喝をする人の病的なエゴイズムである。

普通の人の感覚では「裏切る」のであるが、彼らの場合は「してやったり」という手柄でしかない。弱い立場にいる時に相手にしてもらった好意はまったく無視して、今度は極悪非道に徹する。

善人を演じ、感情的恐喝をして、相手の譲歩を引き出した人は、いったん自分が弱い立場を抜けたら、がらりと態度を変えて、絶対に譲歩はしない。逆に法外な要求をする。

感情的恐喝をする人は、本当の刃物を持っての恐喝もできる人であるということを忘れてはならない。相手が弱い人間だと思えば、脅して相手を丸裸にする。相手を脅して恐怖に陥れることができる人が、感情的恐喝をする人である。

感情的恐喝は言葉による脅しだと思って、刃物による脅しほどひどい人ではないと思うかもしれないが、それは違う。感情的恐喝で相手が思うように動くから、感情的恐喝をしているだけで、もし相手が、感情的恐喝で動かなければ、何をするか分からない。そんな恐ろしい人なのである。

モラル・ハラスメントの中でも、感情的恐喝はもっとも恐ろしいいじめである。

「サディストは、破壊したり、支配したりしようとする自分の願望に気がついていない」(註41)

相手を破壊する人でも、自分が相手を破壊する恐ろしい人間だと分かっている人はよい。

我々人間は、動物を殺して平気で食べて生きているのである。「人間は恐ろしい」とか何とかいうことではなく、私たち人間はそういう世界に住んでいる。

サディストの恐ろしいところは、自分のサディズムに気がついていないところである。

自分のサディズムを無意識の領域に追いやって、「私は立派な人間」と思っているところが恐ろしいのである。

そして自分のサディズムを無意識の領域に追いやって、表の言動はその反動形成になる。

つまりサディズムと正反対の傾向が強調されて示される。つまり「愛」が誇張されて示される。

「その反動形成として極端な気遣いを発展させた人は、この『美徳』を、そのサディズムがあらわになった場合と同じ効果を持たせて、人を支配したり、拘束したりするために使用するであろう(註42)」

この「美徳」による支配こそ、サディズムの表れなのである。つまり感情的恐喝こそ、実はサディズムの表れなのである。モラル・ハラスメントこそ、実はサディズムの表れなのである。

美徳を振り回して周囲を傷つける

感情的恐喝で人を騙す人は、サディストである。だから、いったん眼をつけられた場合には、恐ろしいことが待っている。

フロムは、「サディストは、破壊したり、支配したりしようとする自分の願望に気がついていない」と言うが、同じように感情的恐喝をする人は、自分の恐ろしさに気がついていない。

それは彼らが一般市民だからである。時には官僚で事務次官にまで上り詰める人だからである。たとえ権力の階段を上り詰めようと、感情的恐喝をする人は人間としてもっとも質の悪い人であり、もっとも「心の品格」がない人である。

こういう質の悪い人に騙されて、路頭に迷っても、その路頭に迷っている人のほうがはるかに「心の品格」はある。社会的ポストと「心の品格」とはまったく別のものである。

サディストが自分の願望に気がついていないで、美徳の人と思っている、それが感情的恐喝をする人である。感情的恐喝をする人が、自分のサディズムに気がついていないように、脅される側も、自分の強度な依存心に気がついていない。

モラル・ハラスメントの場合、痛めつける側も、痛めつけられる側も、自分のしていること、されていることに気がついていない。それが今の日本の現状である。

だからこそ今の日本には、本当に幸せそうな顔をしている人が少なくなっているのだろう。本当に楽しそうな顔をしている人が少ない。本当に明るい顔をしている人が少ない。

自分がサディストに痛めつけられていれば、それに気がつかなくても「明るい顔」はできない。痛めつけている側も、「美徳」を振り回して周囲の人を痛めつけているのであるから、おかしな歪んだ不自然な顔になる。

「人間は皆同じだ」は間違った教え

「人間は皆同じだ」という教えは、純粋な人を地獄に堕とす教えである。現実の世の中には質の悪い人もいれば、質のよい人もいる。悪魔から天使までいるのが人間社会である。犬にはこれほどの違いはない。

それなのに「人間は皆同じだ」と教えることは、純粋な人に「あなたは悪魔の餌食になれ」と言うのと同じである。断じて人間は同じではない。

平気で人を利用して生きていこうとする人、人を犠牲にして生きていこうとする人、平気で嘘をつく人、人の血を吸って生きているような人は現実の世の中にはたくさんいる。

人から搾取しておいて「搾取された」と騒ぐ人がいる。加害者の顔をした加害者はまだよい。自分が加害者なのに被害者の顔をする人がいる。これが質の悪い人である。

「人間は皆同じだ」という教えは、時に悪人を悪人と思わないで、すごい大物と思えということである。

感情的恐喝をする人との付き合いで苦しんでいる人に向かって「良識にしたがって」と言うのは、「あなたは奴隷になりなさい」と言うことに等しい。そもそも彼らは人と親しくなれない。仲良くなれない。自分の利益しか考えない。冷たいエゴイストである。

またフロムのいう搾取タイプの人などの場合はどうであろうか。

搾取タイプの人も相手から取ることしか考えていない。そういう人と「仲良くする」ということは、「あなたは搾取されなさい」ということでしかない。「仲良く」という良識の内容は相手を見ないで言えば、質の悪い人の天国である。

人間ほど違わない犬でさえも同じことが起きる。五匹の犬が生まれる。そこに何も考慮しないで食事を与える。

すると気の弱い犬は食べられない。この気の弱い犬に「仲良く」ということは、「あなたは死になさい」ということでしかない。

「仲良く」という良識は、気の弱い犬を退け、あるいは無視して自分の食べたいものを食べる犬に向かって言うべきことで、五匹の犬皆に言うべきことではない。五匹の犬皆に適用される良識などない。本当の良識とは、それぞれの人によって違う。

本来社会的ルールも二種類あっていい。搾取タイプの人が守るべきことと、善良で気の弱い人が守るべきルールは違う。

人によって守るべき規範は違っていい。世の中には搾取タイプの人もいれば、気の弱い善良な人もいる。それなのにトラブルが起きるとすぐに一つの良識を持ち出す。

ある人には「家族仲良く」とか、「お隣同士仲良く」と言ってもいいが、別の人には「家族仲良くする必要など絶対にない」とか、「お隣同士、仲良くする必要など絶対にない」と教えなければならない。

いわゆる良識というのは、世の中に色々な人がいるのだという事実を、まったく無視したものである。他でも説明したように人を騙す人は、自分の利益を得るために良識を持ち出す。

なぜ犠牲を強いる側が良識を持ち出すのか

買い主を騙した不動産屋の話を何度も書いたが、皆言うことは同じである。いわゆる良識である。しかし、これは不動産屋が売れない土地を売るために、買い主を騙す時に使う良識である。

繰り返し、しつこく「お隣同士仲良く」とか、「今度はお宅がお隣からの親切で助かることがありますから」と言う。そういう良識を唱える不動産屋は、まず相手を騙そうとしていると思って間違いない。「俺の儲けのためにお前は犠牲になれ」という意味である。

繰り返される言葉は、反対のことを意味している。「お隣同士仲良く」という言葉は、犠牲になった側が言う言葉で、犠牲を強いる側が言う言葉ではない。

これが良識運用の難しさである。良識は、言う人によって人を殺すピストルにもなるし、人を守るピストルにもなる。実は社会生活では、良識の内容そのものが問題ではない。一番の問題は、それを誰が言うかである。どのような立場の人が言うかである。

どんなよい内容であっても、言う人によって、それは良識ではなく悪徳でしかない。

先にも書いたように「軒を貸して母屋を取られる」ということわざが昔からある。そのとおりである。「母屋を取ろう」としている人は、「母屋をくれ」とは絶対に言わない。初めに「軒を貸してくれ」と言ってくる。

「軒を貸してくれ」と言ってきた人は、その時すでに「母屋を取ろう」と思っているのである。「母屋を取るための計画」の第一歩が「軒を貸してくれ」なのである。

言われたほうは、「たかが軒を貸すくらい」と思うから「軒を貸す」。しかし、母屋を取る計画の第一歩が「軒を貸してくれ」なのである。

そして軒を貸さなければ、「軒も貸さないケチな人、冷たい人、思いやりのない人」になる。そこで「軒を貸せない」と言った人に対しては、「困った人に軒も貸さないのですか」と言う。これが感情的恐喝である。

こうして人は自分の大切なものを取られていく。そして人は誰にも言えない悔しい思いをする。人を騙す人がいっぱいいる世の中では、質の悪い人に一センチ譲るのも一〇〇〇メートル譲るのも同じことである。

そして一〇〇〇メートル譲るのも、財産を身ぐるみはがれるのも同じことである。人を騙そうとする人は感情的恐喝から入る。

例えば、ある人の財産を騙し取ろうとする人は、「家族だから」とか「隣人同士仲良く」とか「お互い日本人同士だから仲良く」とかいう美辞麗句の良識で、相手が反対しにくいようにして何かを提案してくる。

感情的恐喝をする人は喧嘩をしない。泣き言を言う。惨めさを売る。「こんなにあなたのことを思っているのに、ひどい」。そう言って相手に色々のことをさせる。これが感情的恐喝である。感情的恐喝に引っかかる人は、規範意識の強い人。

騙しの手口に引っかかるのはなぜか

騙しの手口に引っかかる人は淋しい人である。そしてもう一つ規範意識の強い人がいる。

規範意識の強い人には、愛を知らない人が多い。中には母親との関係がゼロの人もいる。

こうした人は詐欺師にとってカモである。それは、この人たちは「人には親切をすべきである」と思っているからである。

規範意識の強い人の心は、ドア・マットになってしまっている。ドア・マットは本来、人がとおって開くものである。しかし、重いものが置かれると、人ではなくても開いてしまう。

コンビニの前のドア・マットの上を犬が通ると、ドアは開いてしまう。ドア・マットは自分と相手とのかかわりが分からないから、犬が通っても開いてしまう。ドアは関係である。規範的に見て、それが正しければ、状況を考えないでいいとなってしまう。その規範を滔々《とうとう》と言っている人間が、誰かが分からない。

モラル・ハラスメントの被害者は、人を騙そうとしている人が言っている規範なのか、誠実でやさしい人が言っている規範なのかを見分けない。誰がどのような状況で言っても規範には従うべきものと思ってしまう。感情的恐喝にかかる人は、規範意識の強い人。「存在と当為」の乖離《かいり》に苦しんでいる人である。

不動産屋が、隣の人に対して「隣同士仲良くすることは私の願いです」と言って、隣人に親切を要求する。

長い付き合いがあって、はじめて隣人と間に信頼関係ができる。付き合いのない人が隣に引っ越してくるのに「お隣同士ですから」と言って譲ることを要求するのは、あきらかに感情的恐喝である。隣に引っ越してくる人はやさしい人かもしれないが、暴力団とつながる人かもしれない。カルト集団の人が来るかもしれない。

一般論として立派なことを繰り返し言った時には、「これは感情的恐喝だ」と疑うことである。例えば、不動産屋が「都市の緑が大切」とか「道路を広く」とか「私は都市計画が専門で、不動産売買は専門でない」と繰り返す。

立派な言葉を何に使うかというと、売れない土地を売るための言葉である。売れない土地を売って自分が儲けるためである。

だいたい「なぜ、この人はこんなに立派なことを言うのか?」ということを考えてみることである。

その人の日常生活は、その立派な言葉に相応しいほど立派であろうか。立派なことを言うのは人を騙すためである。この点をモラル・ハラスメントの被害者はどうしても理解できない。

加害者が被害者を必要とするモラハラの心理

こうして立派なことを言う人は、先にも書いたように、ある時にがらりと態度を変える。普通の人は、なかなか、ある時点でがらりと態度を変えることはできない。しかし、感情的恐喝をする人は、がらりと態度を変える。

そしてがらりと態度を変えることに、何のやましさもないどころか、それを得意になっている。つまり「俺は、これだけ仕事ができる」ということなのである。「がらりと態度を変えること」ができることが有能の証である。その仲間の間では「あの人はやり手だ」ということになる。

感情的恐喝をする人は、ある事柄で感情的恐喝ができるだけではない。感情的恐喝ができるような性格の人なのである。つまり、そういう質の悪い人という意味である。一つの悪いことができる人は、他の悪いこともできる。そうした質を持った人ということである。

不動産売買などで言えば、売る前と売った後ではがらりと態度を変える。

実際にあった話である。ある不動産屋がある土地について説明をしないで、「ここまではあなたの敷地です」と言って売った。現況売買という売買である。

ところが売った直後に、それまでと言うことをがらりと変えて、「ここは私道で道路です。あなたの土地ではありません」と言い出した。

何も態度を豹変《ひょうへん》させるのは、不動産屋ばかりではない。家庭内でも起きる。

ある不登校の子の母親である。

お母さんは豹変する。お父さんのいないところではふしだら。台所で「ふざけんじゃないよ」と言う。お父さんの前では英語の話をする。

「だから何なのよ」と言いながら、子どもの世話をしない。しかし、お父さんのいる時にはよく子どもの世話をする。お父さんがいないと、転んでも助けてくれない。

こうした家庭環境の中で子どもは訳が分からなくなる。心はズタズタに引き裂かれる。何が何だか分からなくなれば、他人のいない世界に行くしかない。それが引きこもりである。自分だけの世界に引きこもる。それしか生き延びる方法がない。

ある不登校になった子である。おばあちゃんがお母さんにいじめられていないかと学校で不安になる。自分が監視しなければならないと思った。そして不登校になる。不登校の子は、家にいるほうが「無難」だと言った。

「お母さんはお父さんの前では泣く」と子どもは言う。そしてお母さん一人の時には歌を歌っている。こうしたお母さんは子どもを脅迫する。楽して自分の望む子にしたい。

つまり「こんないいお母さんが死んじゃうのよ」と自分を売っている。それで子どもたちが「お母さんが死んじゃう」と言って大騒ぎしていることで、自分という存在を確信している。モラル・ハラスメントの加害者である母親のほうが、被害者である子どもを必要としている。親が病気になったり死んだりすると脅すことで、子どもを縛りつけ支配する。

親切とは、人から要求されるものではない

感情的恐喝をする人は、絶対に相手を尊敬していない。いつも騙されている人は、そのことを肝に銘《めい》じることである。

そういう人はペラペラとお世辞を言う。しかし、後ろを向いて舌を出している。だから母屋を取ったところで、彼は態度を豹変させるのである。

相手を舐めているから、どこかで平気で態度を豹変させることができる。相手に対する思いやりとか、尊敬があったら、態度を豹変させることはできない。態度を豹変させた時に驚いても、もう遅い。その時にはすでに騙されている。

感情的恐喝をする人は人に好意を要求するが、自分が人に好意を示すことは絶対にない。

それは彼らが感情的恐喝をして、とにかく人から利益をもぎ取ろうとする人たちだからである。

相手が「せっかく友だちと思っていたのに」とか「尊敬していたのに」という言葉を言った時には、「この人はずるい人」と思って間違いない。なぜなら、これらの言葉は感情的恐喝だからである。

親切というものは、人から強要されてするものではないということを肝に銘じておくべきである。どんな小さな親切であれ、親切を強要された時には、相手はこちらを恐喝しているとはっきりと認識することである。相手は自分を感情的に恐喝して騙そうとしていると思って間違いない。

モラル・ハラスメントで心がずたずたになって、もうどう立ち上がればよいか分からない人は、まず感情的恐喝の本質を理解することである。

そのような人は、今までの人生でモラル・ハラスメントのいじめを体験しているのである。人生に行き詰まった時には、人間関係を変える。

「自分はもうダメだ」と思った時には、人間関係を変える。自殺しようと思った時には、もう一度人間関係を変えて生きてみる。

心理的に不安な人の攻撃性は分かりにくい

「敵意と不安との相互関係は実証ずみの臨床的事実である」(註43)

不安が不安としてとどまっている限り、それはその人の問題である。しかし、不安は敵意と深く関係する。そこで不安な人は周囲の人に影響してくる。不安な人とかかわり合うとひどい目にあう。

「臨床経験でごく普通に発見されることであるが、不安な人は多量の敵意を持つことがわかる」(註44)

これが世の中の人にとっては困ることなのである。不安な人の敵意が周囲の人には迷惑である。大変困ることである。こちらがいくら平穏に暮らしたいと思っていても、不安な人のほうから攻撃をしてくる。嫌がらせをしてくる。干渉してくる。口を出してきて最後には罵倒してくる。彼らはつねに人を批判する。

その批判が直接的な場合もあるし、間接的な場合もある。直接に罵倒する場合には分かりやすい。直接的に攻撃する人は攻撃的パーソナリティーの人である。

しかし、美徳を盾にして弱者を攻撃する場合には分かりにくい。この本でいうモラル・

ハラスメントになると分かりにくい。それは迎合的パーソナリティーの人がする防衛的攻撃性である。

敵意ある攻撃性を持っている人には不満な人と不安な人と二種類いる。不満な人の直接的攻撃性は分かりやすい。不安な人の間接的攻撃性は分かりにくい。

妬みのように正義や愛情を表に出した攻撃性も分かりにくい。妬みは受け身の攻撃性であるから、分かりにくい。もちろん、妬み深い人には敵意がある。

隣の芝生が憎らしい。敵意があって人を妬んでいる人は、だいたいが怠け者である。自分は働かないで、働いている人が得たものを妬む。

依頼人を逆に攻撃する弁護士

ある不安な弁護士は依頼人に攻撃的で、相手の弁護士に迎合する。医師ハラスメントという言葉があるが、医師が患者をいじめる。弁護士が依頼人をいじめる弁護士ハラスメントも分かりにくい。

いずれにしろ、こういう人たちは不安である。不安な弁護士は自分が保護すべき依頼人には敵意ある攻撃性を示す。相手側の立場に立って自分の依頼人を攻撃する。

戦うべき相手の利益を守り、依頼人に極端に厳しいことを言う。依頼人の言うことには耳を傾けない。それどころか相手の立場に立って攻撃する。不安な弁護士ほどそうである。

私のある知人が、ある事件で弁護士事務所を訪ねた。初回から、その弁護士は依頼人に猛烈に攻撃的であったという。はじめから敵意を持っているかのごとくであった。その依頼人は、このくらい攻撃的な人のほうが、相手と戦う時にはよいのではないかと考えて契約をして、お金を払った。

しかし、その敵意ある攻撃は、弱い依頼人に対してだけ向けられるものであって、強い相手方にはまったく逆の子ヒツジの面を出す。

依頼人を攻撃する弁護士にはもう一つの特徴がある。それは自分の無能を隠すために依頼人に高圧的になることである。

また自分が依頼人のためにあまり弁護活動をしていない弁護士ほど、依頼人に攻撃的である。それも仕事をしていないことを隠すためである。

依頼人を保護する仕事をしていない弁護士は依頼人には攻撃的になる。極端に厳しいことを言う。人が何かひどく高圧的になったりした時には何かを隠している。

これはもちろん夫婦であろうと、上司と部下であろうと、恋人同士であろうと、社長と秘書であろうと同じことである。弁護士と依頼人の話をしているからといって、その関係だけのことを書いているのではない。他の関係にも適用できる。

弁護士からは攻撃されるし、しかも相手の言いなりになるで、ひどい目にあって、私のところに相談に来た。「毎回叱られているみたいで不愉快だし、その上まるで相手方を守るために私がお金を払っているみたいです」と言う。

その知人にしてみれば、相手方には二人弁護士がいて、こちらには一人もいないという構図になる。しかも、弁護士にはいつも叱られている。

その依頼人は、その不安な弁護士を「攻撃的性格」と解釈したのが間違いだったのである。その弁護士は決して攻撃的性格ではない。不安な性格なのである。

誰に対しても攻撃的になるのが攻撃的性格である。攻撃的性格は、注意をすればほとんどの人は見抜ける。それに対して不安な人の攻撃性を見抜くのは至難の業《わざ》である。不安な人は豹変する。

心理的に不安な弁護士とは最低な弁護士なのである。時によっては依頼人の敵になる。弁護士によるモラル・ハラスメントである。だから、たとえどんなに有能な弁護士といわれていても、不安な弁護士は避けたほうがいい。

敵意をストレートに表現する人は救われる

ところで先の知人は二人の弁護士にいじめられて、ストレスから癌になり入院してしまった。

それは今まで書いたすべての関係についても言える。ある夫婦関係のことを書いても、それは夫婦関係のことを書くのが目的ではなく、その内容は不安な上司と部下についても、不安な同僚同士の関係についても適用できる。

アメリカの死因の第一位は心臓病である。日本の死因の第一位は癌である。おそらく日本人は色々ないじめに苦しみながら、ストレスで癌になる人が多いからであろう。

離婚などで家庭裁判所の調停委員からトコトンいじめられたという相談もある。これももちろん心理的に不安な調停委員である。

依頼者が調停委員の劣等感を刺激するようなケースであったのだろう。今までに何度も説明をしてきたように、不安な人には大量の敵意がある。

その敵意が離婚の調停活動を通して表現される。離婚調停中の一方の当事者を調停委員がいじめる。ある調停では、最後に裁判官が出席する場面で、調停内容を読んだ裁判官が驚いて「これで本当にいいんですか？」と本人に聞いたという。

弱い人を直接いじめたり、周囲にうっ憤をわめき散らしたりしている人は、怒りや敵意を抑圧する必要がない。したがって、心の中にある「敵意ある攻撃性」に苦しまない。

相手を怒鳴り散らしてしまう人がいる。相手を怒鳴り散らせない人がいる。どちらが病気になるかというと、怒鳴り散らせない人である。

敵意は、直接的か間接的かは別にして何らかの形で放出されようとする。この本でいうモラル・ハラスメントは間接的な敵意の表現である。

だから、現実の世の中で生きることは恐ろしいのである。弱い者いじめをしながら自らの心理的安定をはかる人がたくさんいるからである。

人の弱みにつけ込む人も多い。人の弱みを見つけて脅す人も多い。そして自分の敵意を晴らす。これは何も暴力団ばかりではない。普通の市民の顔をした人の中に多いと言っているのである。時には弁護士が依頼者の弱みにつけ込むこともある。

誰もが理想の親子関係の中で成長するのではない以上、現実の世の中には必ず相手に意地悪をして自分の日頃の敵意を晴らす人がいる。こうして敵意をストレートに表現する人は、おかしな話であるが救われる。

いい人を演じるデメリット

逆に敵意があるにもかかわらず、それを言動に表せないい人は高血圧になったり、頭痛に苦しめられたりする。あるいはその他の病的症状が現れる。また、神経症的行動になって現れる。

敵意をむき出しにできる人は、長い目で見れば、社会的信用を失うであろうが、抑圧される人に比べれば、病気にはならないだろう。つまり、モラル・ハラスメントの加害者のほうが、モラル・ハラスメントの被害者より広い意味での病気にはならないだろう。

もちろん、不安に耐えられる人は、神経症的行動も示さず、病気にもならないだろう。

他方、不安に耐えられなくても、反社会的な行動に出られるような人は、病気にはなりにくい。

「意識的不安に耐えることのできる個人の能力とサイコソマティックな症状との間には逆の関係があるようである（註45）」

サイコソマティックな症状とは心身医学的な症状である。心理的な問題が肉体的に表現されることである。

不安に耐える能力がなくても、神経症的行動をする人は、肉体的な病気にならない。今まで述べてきたように、陰で意地悪をする人、弱い者いじめをする人、根も葉もない悪口を言いふらす人、スキャンダルを流して人を失脚させようとする人、それらの人は心の問題で肉体的に病気になることが少ないだろう。

要するに社会的に見れば望ましくない言動を平気でする人は、心身医学的な病気にもならない。「バカ野郎」と怒鳴って相手を罵倒するような人は、敵意を抑圧して不安になり、その結果、病気になるようなことはない。品の悪い人は病気にならない傾向があるということである。

一番病気になる傾向があるのは、不安に耐える能力がないのに、いい人を演じている人である。

いい人を演じているから、大声で人を罵倒することもないし、面と向かってツバを吐くこともないし、反社会的な行動をして暴れることもない。

正義を振りかざして人を痛めつけて憎しみを晴らす卑怯な人になることもできないし、気に入らない人の悪口を言いふらして心を癒すこともない。

本当は人を殺したいほど憎しみに凝り固まっているが、騒がしく「反戦平和」を唱える偽善者にもなれない。しかし、不安に耐える能力がない。そこで病気になる。
燃え尽きる人などは皆、敵意があるにもかかわらず、いい人を演じている人である。

ずるさは弱さに敏感である

そして、ここが大切なところであるが、いじめられている人の行動である。「ずるさは弱さに敏感である」ということを私は何度か書いている。弱い人はどうしてもずるい人を自分の周囲に引き寄せてしまう。

燃え尽きる人はたいてい周囲に「敵意ある攻撃性」を示す人ばかりを集める。燃え尽きたり、うつ病になるような人、自律神経失調症になったりするような人は、「敵意ある攻撃性」を持っている人にとっては絶好のカモなのである。

この弱い人を手放さなければ、いじめ続けられるから自分は病気にならなくてすむ。こんな都合のいい人はいない。薬を買わなくてもよいし、医者に行かなくてもよい。

それこそがまさにモラル・ハラスメントの加害者になる人たちである。捕まっていじめ続けられる人がモラル・ハラスメントの被害者である。

ただ敵意を直接的に表現する人はマナーも良識もない人だから、長い期間が経てば親しい人もできない淋しい人生になる。

そういう人は病気にならないが、人生の積み重ねがない。親であれば子どもはまともには育たない。

人生の積み重ねがないということは、心の積み重ねもないということである。そして歳を取り、最後に力がなくなった時には誰も助けてくれない。

要するに、幸せな人になりたければ、不安に耐える能力を身につける以外に方法はない。そのためにはモラル・ハラスメントの心理構造を理解することである。

それは日々の努力しかないのである。悔しいときに、悔しさを我慢するだけでは何も生み出さない。これは自分が成長する機会と受け取らなければならない。

口汚い言葉で、面と向かって相手と大声で罵倒しあう人と、じっと我慢する能力を身につけようとする人が、育てた子どもは違ってくる。

長い人生では燃え尽きない限り、我慢したほうが幸せになれる。その時その時は我慢するほうが辛いが、最後には我慢したほうが幸せになれる。

もう一度言う。そのためにはモラル・ハラスメントの心理構造を理解しておかなければならない。暴力によるいじめではない。モラルによるいじめであるから理解が難しい。

モラハラの被害者は心理的に満身創痍

心の世界はつねに弱肉強食であるが、食われるのは抑制型の人である。質の悪い非抑制型の人に接すると気の弱い抑制型の人はボロボロにされる。

非抑制型の人で心理的健康な人は元気な人であり、明るい人であり、エネルギッシュな人である。抑制型の人で心理的健康な人はやさしい人であり、思慮深い人であり、思いやりのある人である。

前述したとおり、「人は皆同じだ」という言葉ほど誤解される言葉はないだろう。人は違う。このことを肝に銘じなければならないのは抑制型の人のほうである。

長いこと利用され、いじめられて生きてくるとある年齢になればボロボロになる。燃え尽きる。そこで頑張ってもう一度立ち直っても、またいじめられる。また騙される。

モラル・ハラスメントの被害者になるような人は、人を見る眼を養わない限り、何度立ち直ってもまたいじめられ、利用されて燃え尽きる。モラル・ハラスメントの被害者は、それだけ心の底では人を求めているのである。そうして生きているうちに、最後は周囲にいる人が皆質の悪い人になってくる。そうすれば、もう生き延びられない。

肉体的なことについては、よく満身創痍《まんしんそうい》という言葉で表現される。過労死するような人は肉体的に疲労困憊《ひろうこんぱい》しているが、同時に心が満身創痍なのである。

肉体的に満身創痍の人は、それに気がついている。しかし、心が満身創痍の人は、自分が満身創痍であることに気がついていない。

モラル・ハラスメントの被害者は本当に深く深く傷ついているのである。

過労死するような人は、その時点を考えると「もうどうにもできない」かもしれない。しかし、そうなる前に人間関係を変えれば死ぬまで働かなくてもよかったのではないか。過労死する時には、おそらくまわりをがっちりと質の悪い人に固められていて、もう身動きできないのかもしれない。

しかし、過労死するような人はもともと真面目で一生懸命働く人であり、義務責任感も強いであろう。そこがモラル・ハラスメントの加害者になるような質の悪い人にとって、利用価値があったのである。

真面目に一生懸命働いても何もかもうまくいかない時には、人間関係を変える時なのである。人生の様々な困難は頑張ることだけで乗り切れるものではない。燃え尽き症候群の人にならないで最後まで生き延びるためには、正しい状況判断が必要である。

モラル・ハラスメントの被害者になるような人には、この正しい状況判断ができない人が多い。それはもともと不安だからである。

いつも不安な余裕のなさが悲劇を招く

抑制型の人でモラル・ハラスメントの被害者になるような人は、いつも不安である。心の底には自分が気がついていないほどすさまじい敵意がある。そして得体の知れない不安に襲われている。

不安なだけに安心を求めるから、どうしても人を求めてしまう。親しい人を求める。ただでさえ安心を求めるような人が、淋しければ余計に人を求める。限りなく迎合していく。

小さい頃愛されなかった人は、もともと対象無差別に愛を求める。抑制型の人で小さい頃愛されなかったら、大人になっても激しく愛を求めるだろう。いじめられて助けを求めているのだから、激しく愛を求めるのは当たり前である。

そこで質の悪い人の餌食になる。搾取タイプの人に搾取される。お腹の空いている人が、あまりにも空きすぎていて腐っているものを食べてしまうのと同じである。

のどが渇いて死にそうな時には、目の前の水が塩水かどうかを判断する必要がある。しかし、その心理的な余裕はない。

時が経てば、まわりには飲めない水しかなくなる。モラル・ハラスメントの被害者になる人は、そのことが分からない。みんな仲良くなどという美徳に操作されて、死に至るまで我慢する。死に至るまで働く。

ネクロフィラスな傾向の危険性

ネクロフィラスな傾向とは死を愛する傾向である。死を愛好するものは必然的に力を愛好するとフロムはいう。(註46) モラル・ハラスメントの加害者には、このネクロフィラスな傾向がある。

外から見ると、望ましい母親とネクロフィラスな傾向を持つ母親とは、していることにそれほど違いがあるわけではない。しかし、「家庭の空気」が違う。子どもをおかしくしているのは、この「家庭の空気」である。

「有名会社に行け、官僚になれ」と言う母親がいる。そして「私は子どもの将来を考えて言っているのだ」と言い張っている。しかし、それは母親のネクロフィラスな傾向から出た言葉であることが多いが、本人は子どもの将来を考えている立派な親と思っている。

子どもを塾通いさせることに狂奔する母親に、このネクロフィラスな傾向が強いのではないか。次第に学歴社会でなくなってきているという話には耳も傾けないで、「将来の暗い見通し」にばかり関心を示す。

母親の「一〇〇点取れ、一〇〇点取れ」は、子どもいじめである。「こんな成績で今はいいけど、これから先どうするの？」と言う母親が子どもの将来を考えているのではない。「これで、どこに受験するの？　いい大学行けないと大変なことになるわよ。そんなに世の中、甘くないわよ。こんなことで生きていけないわよ」などと激しく子どもを脅す母親は、ネクロフィラスな傾向を持っている。

子どもがバレーの選手になりたいと言っているのに、「だめよ、あんな学校行っちゃあ」などと言う母親もいる。また、「あなたは体操の選手になるほうがいいの」と、勝手に子どもの将来を決めている母親もいる。自分の劣等感を癒すために言っているのに、子どものためを思っていると信じている。

「エーッ？　こんなにボーナス、少ないの？　どうするの？　これから先、お金かかるのよ。子どもの教育は私、知らないわよ」と夫を脅す妻がいる。そして「私は本当に家の将来を心配している」と言う。そして自分はネクロフィラスな傾向から話しているのでないと思いこんでいる。

「こんなにビール飲んで、不安じゃないの？　お隣は、子どもの部屋を新しく作るらしいわよ……。ビール飲んでもかまわないけど、先のことも考えてもらわないと……」と夫を脅しながら、自分は立派な妻と思っている。

中には、欲求不満から怒っているのに「俺が家のことをあまり考えすぎるからこうなる」と怒鳴っている父親もいる。

モラハラに加害者意識はない

ネコとネズミがいて、ネコがネズミを瞬時に殺さないで、ネズミが苦しむのを楽しむようなことを、私たちは人間同士でしている。こうしたネコは、仲間のネコと楽しく遊んでいない。同じようにネクロフィラスな傾向を持つ人には親しい友だちがいない。

ネコがネズミをなぶり殺す。カレン・ホルナイはサディズム的愛という講義の中で、女性が男性をなぶり殺している例を出している。

「幸せな人は刺激と興奮を必要としない(註47)」

問題はモラル・ハラスメントをする人が、そのことを意識していないということである。

相手を拒絶し、相手を追いこんでいるのを意識していない。いじめは、あくまでも無意識である。

善人の顔をしながら、相手に罪の意識を持つように追いこむ。モラル・ハラスメントは手の込んだいじめであり、虐待である。とにかく相手を操作する。地獄の罠にはめる。しかも自分は善人と思っている。それがモラル・ハラスメントの加害者である。

被害者も気づかないまま追いつめられる

「ネコがネズミをなぶり殺す」というと、ひどいことする人がいるものだと言う人がいるかもしれない。しかし、繊細な子をからかう大人などは、まさにこれをしている人たちである。

英語でも「ネコがネズミをなぶり殺す」という表現がある。「彼と、ネコとネズミの遊びをする（play cat-and- mouse with him）」という言い方である。

これがサディストである。すねた子ども、プーとふくれている子どもをからかっている大人は、「子どもと、ネコとネズミの遊び」をしている。彼らは自分がサディストであることに気がついていないだけである。

隠れたサディストは私たちのまわりに山ほどいる。しかもやさしそうな顔をして、善人の仮面を被って笑顔を振りまいていたりする。それがモラル・ハラスメントの加害者になるような人である。

しかも、ネコになぶり殺されるネズミのほうが、それに気がついていない。つまりモラル・ハラスメントの被害者は、なぶり殺されているのに、時にモラル・ハラスメントの加害者に感謝をすることがある。からかわれて育った子が、親に感謝をしているのなどはその例である。

この本でモラル・ハラスメントという意味を、美徳による束縛と限定したのは、それが分かりにくいからである。序章にも書いたように、直接的ないじめは分かりやすい。しかし、美徳によるいじめではすべて真実は隠されている。

もちろん真実が永遠に隠されるわけではない。何らかの形で夢などに現れる。モラル・ハラスメントの被害者は、どうしても恐い物から逃げられない夢を見る。目的地に行こうとするのだけれども、どうしてもたどり着けない等々の夢を見る。夢の中で、真実は間接的に表れる。

第4章

モラル・ハラスメントはなぜ危険なのか

なぜモラハラに抗議できないのか

しかし、モラル・ハラスメントは美徳を元にして相手を責めるのであるから、責められるほうは、責められる内容に抗議ができない。

何かあることをしろと言われても、それができない。それをする勇気がない。そんな時、「何でお前は、誰々さんと違ってそんなに勇気がない？」と言われる。できないことに罪の意識を持てという要求である。

勇気は否定できない美徳である。実行力も否定できない美徳である。言われたことに抗議はできない。「誰々君は思いやりがあるのに、君は」と言われる。思いやりは美徳である。

そうして徹底的にモラル・ハラスメントをされていれば、「誰も私を認めてくれない」と自分に絶望する。しかし、人に認めてもらいたいという欲求は、人間にとって基本的欲求である。

基本的欲求が消えることはない。そうなれば、ますます小さなことでも認められたいと思う。小さなことでも認めてもらいたいということは、小さなことでも失敗が恐くなる。

普通の人が怖れない小さな失敗でも、モラル・ハラスメントの被害者は怖れる。

アメリカの心理学者フィリップ・ジンバルドーが、恥ずかしがり屋の人が失敗を怖れるというのは、そこら辺が原因であろう。そしてさらに彼は恥ずかしがり屋の人は、母親でさえもが宗教裁判官であったという。まさに恥ずかしがり屋の人はモラル・ハラスメントを受けていたということであろう。

モラル・ハラスメントを受けて深く傷ついている人は、怒りを表現できないで、落ち込むしかない。恥ずかしがり屋の人がうつ病になりやすいというのも理解できる。

モラル・ハラスメントを受けて深く傷ついている人は、それだけ人が重要になってしまう。人が重要になるということは、人が自分をどう思うかということが重要であるという意味である。つまり人に振り回されてしまう。

モラル・ハラスメントには抗議ができない。このことの意味は大きい。モラル・ハラスメントによって影響された心は、何も言えない心になっている。

つまり、モラル・ハラスメントを受けて深く傷ついている人は自己不在である。人に認めてもらうことがますます重要になる。そう考えると、モラル・ハラスメントの心に与える深刻な影響は計り知れない。

モラル・ハラスメントを受けて深く傷ついている人は、どんな些細なことでも何も言えなくなる。普通の人から見ると「言えばいいのに」と思うかもしれないが、モラル・ハラスメントを受けて深く傷ついている人は「言えない」。

自分の意志や願望等々を言えないように育てられているのである。それが美徳による束縛、美徳による支配の恐ろしさである。

何も言えないだけに、心の底に蓄積された憎しみは想像を絶するほどすさまじい。無意識にすさまじい憎しみがあるとなれば、人と親しくなれない。

ベラン・ウルフの言うように、人は相手の無意識に反応するから、周囲の人はその人と心から親しくなろうとはしない。そして自分の心の底の憎しみが外化されるから周囲の人が恐くなる。おそらく、これが対人恐怖症になる一つの原因であろう。

とにかく怒りや憎しみが表現されれば、それはコントロール可能になることもあるだろうが、表現されないままに心の底に積もりに積もっていけば、ある限界を超えるとコントロール不可能になる。その無意識にあるものすごい不満が爆発した時が「できるだけ多くの人を殺したかった」という心理であろう。社会が衝撃を受ける時である。

生きるエネルギーを理不尽に奪われる

モラル・ハラスメントから生じる怒りや憎しみは、対象に向けられない怒りや憎しみである。すでに述べたごとく、それは美徳による支配であり、束縛であるからである。パワハラならいくらでも上司を憎める。しかし、モラル・ハラスメントは相手の言うことが美徳である。美徳に対しては、上司のように怒りと憎しみを向けるわけにはいかない。

これが、いかにモラル・ハラスメントを受けて深く傷ついている人の心が弱くなるかということである。

モラル・ハラスメントを受けている人自身が、いかに心の底にすさまじい怒りの炎がもえているかに気がついていない。本人は気がついていないが、症状は必ず現れる。

つまりいじける。ひがむ。うちにこもる。イライラする、生きていて楽しいことがない。言ってみれば、暗くてイヤな人間になる。生きるエネルギーがなくなる。

生きるエネルギーがなくなるということは、いじける、ひがむばかりではなく、どうでもよい小さなことがものすごく大切なことになる。すぐに心が動揺する。

人の言ったどうでもよいことにものすごく傷つく。言った相手が軽く言っている。言った本人が言ったことを忘れている。それなのに言われたほうは一〇年も、二〇年も覚えている。その言葉にとらわれている。

生きるエネルギーがないから些細なことをものすごいことに感じる。生きるエネルギーがあれば、言った本人が忘れているようなことは、言われたほうも忘れている。生きるエネルギーは人とかかわり合う、人と触れ合うことで生じてくるが、ひがんで自分のうちにこもるから、生きるエネルギーの供給源を断たれている。生きるエネルギーは人と触れ合うことで生じるが、モラル・ハラスメントでそのエネルギー源が失われる。

うつ病になるような人は外側だけを見れば、恵まれている。でもうつ病になる。それは小さい頃から、モラル・ハラスメントで生きるエネルギーを奪われているからであろう。

怒りを向ける対象がないと心は弱くなる

心が弱くなるということは、先に述べたとおりどんどん人が重要になり、どんどん体裁が大切になり、どんどん人に認められたくなる。ますます自分の主張はできなくなる。自分の意志は伝えられなくなる。愛する能力もなくなる。

モラル・ハラスメントほど心の自立を妨げるものはないだろう。心は自立できないけれども、社会的には自立しなければ生きていけない。

その葛藤で社会的に挫折する人は多い。職場の人間関係も、夫婦関係も恋愛関係も、どのような人間関係であれ、大人になれば心の自立を必要とする。

小さい頃からモラル・ハラスメントされてくれば、心の自立はできない。弱虫であるにもかかわらず、ますます虚栄心が強くなる。怒りはますます激しくなる。しかし、人にしがみついてなければ生きていけない。怒りを直接には表現できない。

そうなれば、そこにうずくまるしかなくなる。ますますどうしていいか分からなくなる。それは社会的には認められる年齢になりながら、ますます怒りの炎が心の中で燃えさかるからである。

穏やかで温和《おとな》しい性格と社会的には見られるが、心は憎しみの塊になる。怒りの炎が燃えさかる中で、悲しみの大雨が降っている。

パワハラのように怒りの対象がある時には、それが必ずしも心を弱くはさせない。時には戦うことで、それがその人を鍛える。耐えることで心は強くなる。

しかし、モラル・ハラスメントのように怒りを向ける対象がない時には心は弱くなる。戦う能力を失う。美徳を守ることは情緒的に未成熟な人にとっては、辛いことである。我慢することである。

嫉妬することは美徳ではない。嫉妬しないことは美徳である。嫉妬している時に、美徳を守るということは嫉妬を我慢することである。エネルギーを消耗する。

生きるエネルギーがなくなれば、ますます嫉妬心は強くなる。そうするとますます我慢しなければならない。

「男のくせに、そんなやきもちを妬《や》いて」とモラル・ハラスメントをされれば、じっと我慢しなければならない。そのことでエネルギーを消耗する。生きるエネルギーがなくなるから、先に書いたように、ますます小さなことが大きなことに感じられる。嫉妬するほどではないことがものすごく辛いことになる。

「私は嫉妬すべきではない」という「『べき』の暴君」に苦しめられる。モラル・ハラスメントで「こんなことを大《だい》の大人が気にしているの」と責められる。バカにされる。あざ笑われる。

こうして意識できない怒りが、どんどん心の中にうっ積していく。モラル・ハラスメントをされたら元気ではいられない。落ち込んでしまう。怒りの炎が燃えているのに怒りをぶつける対象がなくて、じっと我慢していれば、エネルギーはなくなる。

被害者なのに周囲の理解を得られない

モラル・ハラスメントでいじめられると、何よりも生きるエネルギーが失われる。やる気がなくなる。「生きていてもしょうがない」と思えてくる。

「お前はダメな人間」だと正面から言われれば戦うこともできる。しかし、「あなたは罪のある人間です」と言われたら、戦う気持ちはなくなる。何もかもイヤになる。意気消沈とはまさにこの気持ちである。

人の生きるエネルギーを奪うものには色々なものがあるだろう。その重要な一つがこのモラル・ハラスメントである。人を内側から壊していく。頑張ろうとしても心の砦がなくなる。「頑張ろう」という気持ちにならない。「頑張ったって何になるのか」という気持ちが先にくる。心の砦がある人でも、その砦を壊される。普通なら楽しいことが楽しく感じられない。何もかもがイヤになる。

生きるエネルギーを失えば、「もっとプラス思考でなければ」などと言われても、苦しいだけである。「それが何になるのか」と思える。そして、モラル・ハラスメントをする人に「とにかく、あっちへ行ってほしい」という気持ちになる。しかし、それすらも無意識であることが多い。

モラル・ハラスメントの加害者の言うことに逆らえないからである。小さい頃から、その人のまわりには「立派な人」ばかりがいた。イヤなことを笑顔でしなければならないことも多かった。心の底では何もかもがいやだった。それは自分にとって重要な人がモラル・ハラスメントをする人だったからである。

夫の結婚生活における敵意は妻のうつ症状に深く関係している。それについての論文もある。(註48) その原因は夫のモラル・ハラスメントであろう。妻はそれに耐えられなかったのである。それは夫婦でなく親子でも同じであろう。

父親が敵意を持っている。それが原因で子どもがうつ病の症状を現す。すると、「イヤだなあ、その顔は」と子どもは責められる。「朝から暗い顔をして、どうしたんだ」と子どもは責められる。「お前はいつもマイナス思考だ」と責められる。

こうしてモラル・ハラスメントされた人は、ちょっとやそっとのことで回復しない。傷ついた脳は永遠に回復しないという生物学者の主張もあるくらいである。

しかし、外側の環境は悪くない。そうなると「わがままな人、我慢できない人」などと言われる。社会的に適応できない人にされてしまう。しかし、モラル・ハラスメントで痛めつけられた心の傷は、そう簡単に治るものではない。

周囲の人から見ると、「何であんなに恵まれているのに、いつもあんな不愉快そうな顔をしているのだろう」と思われる。そしてイヤな人、根暗《ねくら》な人になってしまう。

普通の人は、そのいつも不愉快な顔をしている人から逃げていく。付き合いたくない人になる。モラル・ハラスメントの被害者は周囲の世界がどんなに明るく恵まれていても、不愉快な気持ちから抜け出すことはできない。

まさに心理的囚人で、心は牢獄に入れられている。肉体的虐待は周囲の人から、まああ理解されることもあるが、モラル・ハラスメントによる心の傷はなかなか理解されることはない。

カレン・ホルナイはサディズム的愛の説明の中で、「彼女は人生に対する怒りを持っている。なぜなら彼女の期待はすべて実現しないから。彼女は幸せになれるものをすべて持っている。安全も、家も、献身的な夫も、しかし、彼女は内的な理由（inner reasons）で何ものも楽しめない（註49）」。

ネチネチといじめて相手を放さない

やさしさを売り込む人がいる。実は相手から搾取している。毒にも色々と種類がある。毒でも青酸カリを持っている人もいるが、じわじわと相手を殺す毒を持っている人もいる。

そして「毒のある人々」は、得てして自分には毒があるということを知らない。中には本気で自分が善人と思っている人さえいる。だから恐いのである。毒蛇が自分は薬草だと思って人々に近づいてくるようなものである。

自分がない人とは、自分の心の葛藤を、他人を巻きこんで解決する人である。自分の心の葛藤を、他人を巻きこんで解決する人とは、どういう人であろうか。

例えば、被害を強調する人である。あなたのためにこんなにひどい目にあっていると騒ぐ人である。それなら別れればいいのだが、決して別れない。

また、こちらが「それをしてくれ」と頼んでいるわけではないのに、それをする。こちらが頼んでいないことをして、「あなたのためにひどい目にあった」と騒ぐ。また、それを言葉ではなしに態度で示す人もいる。

「あなたのためにひどい目にあっている」ということで、自分を被害者の立場に置く。自分を被害者の立場に置いて相手を責める。つまり相手に絡む。

そういう人は、自己犠牲的献身という美徳で相手を責める。そのことで自分の心理的安定を図る。無意識にある攻撃性を間接的に表現している。「一体何を言いたいのよ」と言いたくなることがある。その人は自分が心理的に安定するためには相手を加害者の立場にすることが必要なのである。相手は当然イヤな気分になる。

「自分の心の葛藤を、他人を巻きこんで解決する人」とは、相手がイヤな気分になることを必要としている人である。だから相手を放さない。相手が自分から離れていってしまったら、ネチネチといじめる相手がいないから、自分の心の葛藤を解決できなくなる。

これは惨めさを売っているが、実は搾取タイプである。惨めを売りつつ相手を攻撃する。これが理解の難しい防衛的攻撃性である。相手から「取ろう」とするものがあるが、それを隠している。

いつも相手を責めていることで自分が心理的に安定するのだから、相手を放さない。

そういう人たちがぐちぐちと文句を言うのを聞いて、「そんなに言うなら、その人とさっさと別れたらいいじゃないか」と感じるのは、心理的に健康な人の見方である。

「統合失調症の母親は子どもが統合失調症になることを必要とした」という言葉があるが、

それも今説明したような意味である。子どもをそうしていじめていることで、母親が心理的に安定しているのである。

もし、子どもをいじめなければ、母親がおかしくなる。「統合失調症の母親は子どもが統合失調症になることを必要とした」という言葉は、統合失調症の解説書などに出てくることがある。

しかし、これは何も子どもではなくてもいいのである。弱者なら誰でもいいのではないだろうか。社宅の人でも、近所の人でもいい。弱者をいじめることで自分の心理的安定を図る人がいる。弱者がノイローゼになることが、その人にとって必要なのである。

恩着せがましさは愛情の押し売り

もう一つ自分の心の葛藤を、他人を巻きこんで解決する人の例を考えてみよう。

それは例えば、恩着せがましい人である。自分がリンゴが欲しい。自分がリンゴが食べたい。しかし、「リンゴを欲しい」、あるいは「リンゴを食べたい」と言わない。

相手が「このリンゴ、食べてもらえますか」と頼むことを待っている。相手に「食べてくれ」と頼ませる。すると、「あなたがそんなに言うなら食べてあげる」と言って食べる。

つまり相手を巻きこむことでしか、自分が食べたいリンゴを食べられない。つまり自分が食べたいものを食べるのに相手に恩を着せる。

さらに相手が「ありがとう」と感謝しないと怒る。「せっかくイヤな思いをして食べてあげたのに、感謝をしない」と相手を恨む。相手が恩に着ないと相手を恨む。

手抜きの妻が、「パパのために苦労して食事を作ったわ」と言う。夫が、「子ども達と同じでいいよ」と答えた。妻は心の中で、面白くない。こういう妻は、本当は料理が好きではない。

人は努力していない時に恩着せがましくなる。恩着せがましいのは自分の優位を保とうとしているのである。ハンカチ一枚を洗っても、「私はあなたのハンカチをこうして洗った」と誇示する。誇示されたほうはたまらない。

自己犠牲的献身の女性が「毎日、あなたにこうしてあげた」と言う。それは男にとって重い。自己犠牲的献身の人は、立派に見えてひどい人。

「自己犠牲的献身は強度の依存心の表れ」とフリーダ・フロム・ライヒマンはいうが、名言である。

そこで本人は頑張っているつもりなのに嫌われることが多い。そこで狙われるのがモラル・ハラスメントの被害者になるような人である。そうなるといったん絡んだら放さない。

搾取と被搾取の関係は簡単に崩れない

知人が病気になった。病院にお見舞いに行く。「私、今熱があるのに、あなたのことが心配でお見舞いに来たわ」と、直接的か間接的かは別にして相手に伝える。

相手が感謝しないと「病気なのに来てあげたのに」と不満になる。サービス過剰というのはたいてい愛情の押し売りである。

恩着せがましさは甘えでもある。したがって親が恩着せがましい時には、子どもは地獄である。親が子どもに甘えるというのは、ボールビーのいう「親子の役割逆転」である。本来は子どもが親に甘えるのだから。

親には生きるエネルギーがない。親が自己実現して生きていれば、子どもに恩を売らない。恩着せがましい人は欲張りである。普通は、恩着せがましいことをするのは恥ずかしい。しかし、子どもにはそれを見抜くまでの心理的余裕がない。子どもはモラル・ハラスメントの被害者になる。

感謝されようとして何かをすることは、それをされた相手にとってうっとうしいだけである。いずれにしろ恩を売るのが搾取タイプの人であるが、その餌食になるのはどういうタイプであろうか。餌食になるタイプは、食べたくないものを「食べなさい」と言われて食べて、恩に着る。

逆にモラル・ハラスメントの餌食になるような人が料理を作る。その食べ物を出すのに「食べてもらえないかもしれませんが、お口に合わないかもしれないけれども」と怯《おび》えながら話す。自己卑下して「食べていただければ嬉しいですが、でも不味《まず》いでしょうけれども」と、はっきりとしないことをぐずぐず言う。そうして相手を殿様にする。ここで搾取・被搾取の関係が成立する。

相手を殿様にすればその場はいいのだが、いったん殿様になったら、搾取タイプの人は相手がいつも自分を殿様扱いにしないと不満になる。いったん成立した搾取・被搾取の関係はそう簡単に崩れない。

もし、ご馳走になるほうが心理的健康な人なら何というか。「そんなこと言わないでよ、作ってくれてありがとう」である。

相手を不安にさせてからつけ込んでくる

なぜ、心に葛藤がある人は食べたいものを「食べてくれ」と相手から頼ませるのか？

一つには自己無価値感に苦しんでいるから感謝されたいのである。この場合の自己無価値感とは、自分が相手にとって大切な人間ではないと思っている感じ方である。

恩着せがましさは、さらに憎しみと無気力感を伴っている。自分の力を認めてくれないと思っているから恩着せがましくなる。自己無価値感の人は、自分が相手にとって望ましい人間でないことを心の底で知っている。

例えば、自分の服が泥で汚れている。ピカピカに磨かれた床の上に綺麗なテーブルがあり、そこに美味しいケーキがある。食べたい。しかし、汚れた服では床とテーブルに泥をつけてしまう。

そんな時に「食べてくれと言うなら、食べてあげる」と言って、床とテーブルを汚すことを釈明できる。「汚した」と言われても、「お前が食べてくれと言ったからだろう」と言える。

相手に恩を着せる人は、実は相手のことを何もしていない人なのである。恩を着せることで相手を縛るのである。つまり、恩を売るほうが相手から搾取している。恩を着せられるほうは搾取されているのである。恩着せがましい人ほど相手から恩を売られるのを嫌がる。

マッチポンプといわれる人々もそうである。自分が相手を不安に陥れる。相手が不安になったところで、その不安を解決してあげようと申し出る。そして感謝を要求する。つまり、自分で火をつけて、自分で消す。消したことの功績を認めろと要求してくる。相手の血を吸って、その血を相手に分けてあげて感謝を要求するようなものである。

自分がその人の悪口をあるところで言う。その上で「あなたの悪口が、どこそこで言われている」と、その人に言いに行く。そしてその人にイヤな思いをさせる。その人が不安になったところで、「僕が、どこそこへ行って解決してきてあげる」と言う。最後にその人に恩を着せて、何かを要求する。

憎しみを抱きつつ黙るしかない心理

マッチポンプといわれる人々は、自分が相手を不安にしておいてから、「私があなたを守ります」と言うタイプである。周囲の人の悪口を言って、その人と周囲との間に楔《くさび》を打ち込む。そうしておいて、「私はあなたについていきますよ」と言うタイプである。

まず狙う獲物と周囲の人とを仲違いさせておいてから、自分の要求をとおす。相手を孤立させ、相手が自分から逃げられないようにしておいて、自分の要求をとおす。

憎しみを持った女が、学歴に劣等感を持っている男と恋愛をするとする。そして、女は高学歴の男の友人の話をして男を傷つける。男は傷つけられるが、文句を言えない。お前みたいな女は嫌いだと言えれば、憎しみを持たない。しかし、それを言えない男は憎しみを持って黙るしかない。

男も女の劣等感を傷つける話をする。デートはイヤな雰囲気になる。そこで「私たち、会えば、必ずこうなっちゃうのよ」という台詞を吐く女がいる。この台詞は、マッチポンプの女の台詞である。

自分が相手を不愉快にしておいて、デートが楽しくないことの責任を男に被せてくる。男は「自分が悪い」になっていく。そんなことを言うくらいなら、会いにこなければいいのである。

自分が男を不愉快な気持ちに追いこんでおいて、「あなたっていつも不愉快そうにしているのね」と男を責める女がいる。それから男が喜びそうなことを少しばかり言って、男を機嫌よくして、男に恩を売る女がいる。

それが心に深刻な葛藤のあるマッチポンプ女である。もちろん、これは男と女が逆になってもいい。つねに女が毒キノコといっているわけではない。男も毒キノコである。心に深刻な葛藤のあるマッチポンプ男もたくさんいる。

マッチポンプの典型的なケースは親子である。神経症的な親が子どもを育てる。子どもは当然、心理的におかしくなる。

そのおかしくなった子どもに向かって、「どうしてお前はよその子と違ってそんなにおかしいんだ。よその子は我慢できるのに、お前はちっとも我慢できない」と、子どもを責める。子どもが人並みに我慢できないのは、愛情を与えられなくて育ったからである。

毒のある人にどう対処するのか

マッチポンプの人は「大変なことになりますよ、大変なことになりますよ」と恐怖で相手を脅す。針の穴を見つけて「洪水になるぞ、洪水になるぞ」と相手を脅すような人である。

そして相手が不安から自分にしがみつくようにさせる。相手が不安になって、「どうしたらいい？」と自分に助けを求めてくるのを待っている。そこで「あの人がきたら、今度はこうして、この人にはこうして、次には……」と忠告をする。

そして「だから、その人との縁を切ったほうがいい」とアドバイスをする。

そのアドバイスにしたがって、その人と喧嘩をして縁を切る。そうしてその人は裸になる。社内で一人になってしまう。一人になったら怖くて動けない。こうして自分にしがみつかざるを得ないように持っていく。

こうして脅かされる人は、もともと一人で動けないような依存心の強い人である。だからマッチポンプの人の餌食になる。つまり搾取タイプの人の餌食になる。

母親と子どもとの関係でもそうである。「このままいったら○点取るわよ」と子どもを脅す。「困ったわね」と脅す。こうして子どもを脅す母親は、子どものことを何もしていない。

子どものことを何もやっていないから子どもを脅すのである。例えば、子どもに勉強を教えていない。子どものことをしないで子どもを縛っておくには、脅すのが一番いい。子どもが離れたら搾取できない。

母親が子どもにご馳走を作っている場合には、この「このままいったら○点取るわよ」という言葉は脅しにはならない。子どもは「○点でいいよ」と反抗する。母親が実際に子どものことをしているから、子どもとの間に信頼関係がある。「反抗期がないのは信頼関係がないから」というのは、このことである。

自殺するような子どもの母親は、子どもを脅すタイプである。親に反抗して家出をする子どもはまだ救われる。

まだ起きてもいないことを騒ぐ人は、相手のために騒いでいるのではなく、自分のために騒いでいる。つまり、「火事になるよー、火事になるよー」と言って、相手を脅しているのである。

だいたい人を脅す人は派手なことが好きである。支配欲もある。そしてずるい。だから小さなことを大変なことのように相手に思わせるのである。

相手を脅す人は何をするにも手抜きをしている。何もしなくても、相手を自分に縛っておきたい時には、脅すのが一番である。相手を自分に縛っておくための脅しが、「火事になるよー、火事になるよー」である。

「火事になったらどうしたらいい?」と聞きたくなる。そこでフロムのいう受容タイプの人から搾るのである。燃え尽きる人はバカみたいに動く。受容タイプの人がモラル・ハラスメントの被害者になり、搾取タイプの人がモラル・ハラスメントの加害者になる。

そうした「毒のある人々」にどう対処したらいいのだろうか。「毒のある人々」に勝ち、負けを考えるから負ける。本当に勝つのは日々楽しく生きることだろう。だから毎日を楽しく生きるようにこころがけることである。

そして相手が心に葛藤があるかないかを見分けることが重要である。心に葛藤のある人は、学ぶ姿勢がない。

社会の中で生活していれば、会いたくない人に会わなければならない時がある。読まなければならない本がある。色々としたくないことをしなければならない。

心に葛藤がない人は、そういう時でも、そこから何かを学ぼうとする。読まなければならない本なら、そこから何を学べるかという姿勢で本を読む。心に葛藤がない人は、どのような体験でもそこから何かを学ぼうとする。自然からも動物からも学ぼうとする。

心に葛藤のある人は、まず批判的な姿勢をとる。あるいは逆に自己卑下する。批判も自己卑下も自分の価値を守るためである。

感謝されたいために不安を煽る

相手の不安を煽る人がいる。相手が友だちであっても、自分の子どもであってもいい。あるいは自分の顧客であってもいい。

とにかく「大変なことになっている」と言う。実は事態は決して言うほどには大変なことになっていない。何でもないことをものすごいことのように言う。

あることを頼まれたとする。自分にできることならする。そしてできることを淡々としてやってくれる人がいる。

それに対して、実は何でもないことなのに、ものすごいことのようにしてしまう人がいる。そして相手の不安を煽る。不安を煽るのは、その人から感謝をされるためである。そして周囲の世界に憎しみがある。

相手の不安を煽る人は自己無価値感に苦しんでいる人である。何でもかんでも破壊したい。自己無価値感に苦しんでいる人は、何とかして自分の価値を相手に売り込みたい。

そこで何でもないことをするのに、「私はあなたにこんなにもすごいことをしてあげた」というようにしたいのである。そして不釣り合いなほど大きな感謝を得たい。

逆に何か被害をこうむった場合には、ちょっとした被害でも、ものすごい被害のようにしたい。「それなのに私は耐えてあげた」というようにしたい。これも相手からの感謝の要求である。

マッチポンプもそうである。自分が火をつけておいて、自分が消して、それで「消してあげた」と騒ぐ。もともと消せるように火をつけている。そして誰かが火をつけたことにする。

決して自分が火をつけたことにはなっていない。はじめから状況が「火のついた状況」なのである。それを「私の力で、あなたのために火を消してあげた」ことにする。要するに自分の功績を売り込みたい。

他人をいじめて自分の心の葛藤を解決する

モラル・ハラスメントをする人にはくせのある人が多い。くせのある人とは、防衛が強い人のことである。素直でない。

こういう人には気を遣う。愛想はよいのだが、気を許せない。気を許すと地雷を踏む。その人に言ってはいけない言葉がたくさんある。敵意がある。行動を共にしていても心の底で拒否をしている。

モラル・ハラスメントをする人は、またしつこい人であることが多い。心に問題がある。隠された敵意がある。ことに医師や親や弁護士や先生の場合には、合理化がおこなわれやすい。

ある夫婦の離婚後のトラブルである。片方は努力して生活が安定した。他方はふしだらな生活を続けて男女問題でトラブルを抱えて生活に困った。

そこに隠された敵意がある弁護士が登場する。「両者ではあまりにも不公平」という正義の仮面を被って登場する。「不公平をただす」という正義の仮面を被って、自分の依頼人を徹底的にいじめる。

表向きの、建前の立場と本音の立場が正反対。隠された敵意を持つ人は、愛とか正義の名の下に、自分の憎しみを晴らしているだけである。ただ、憎しみを晴らされたほうはたまらない。そして自分は弱く、相手は強いと錯覚する。

これがモラル・ハラスメントの加害者とモラル・ハラスメントの被害者との関係である。つまり、モラル・ハラスメントの加害者は本来自分の心の葛藤に直面して、それを解決しなければならない。

それなのに、人をいじめることで自分の心の葛藤を解決しようとしている。それは夫が妻をいじめる場合も、妻が夫をいじめる場合でも同じである。

そうした場合、暴力を振るうことも多いが、この本でモラル・ハラスメントといっているのは、主に美徳を持ち出していじめる場合である。

「私が悪い」と思ってしまう被害者の心理

私が接した例である。

その女性には夫がいるが、夫はいつも妻に怒る。長女がいるが、長女は母親に反抗的。ところが妻は、「原因はみな私の言い方が悪いのです」と言う。この言い方がモラル・ハラスメントの被害者の言い方である。

彼女は生きていて楽しいことがなくなった。家でも長女と顔を合わせないようにしている。長女が朝食を食べに来ると、「私が部屋から出て行く」。腕を伸ばした範囲の中に長女が入らないようにしている。

「お前は、自分が本当にダメな女と思うまで寒い山の中で、凍死寸前までいかないとダメ」と夫は言う。

そこまで言われて彼女は何と言ったか。「夫にそこまで言わせる私」。

あとで説明するようにモラル・ハラスメントの被害者は、どんなひどいことを言われても「加害者の言うことが正しいと思ってしまう」。

彼女は、そこまでひどいことを言う夫を何と表現するか。「主人は穏やかな人」である。「私は主人とは育ちも違うし、違う人間だ」と思っている。

まさに長いことモラル・ハラスメントに苦しめられた人の特徴である。「私は、あの人とは違う人間だ」と言う。本気でそう思う。「あの人」のところに「親」が入ることもあるし、「夫」や「妻」が入ることもある。色々な人が入る。

非抑制型の人のノイローゼは、すべての責任を人に押しつける。抑制型の人のノイローゼは、すべての責任を自分に押しつける。心理的健康な人の場合には、このような極端さはない。

彼女は生まれたときから親がいない。いくつかの親戚の家に預けられたが、育つ先で殴られた。夜寝るまでずっと殴られた。一八歳で家を出た。

いつもトイレに入っている時、いきなりドアを開けられた。「それがイヤだった」と言う。お風呂も開けられる。そして彼女は何と言うか。それは「私がわがままだから」。

この場合も先に言ったように、「そこまで言わせる私」と同じである。どんなひどいことを言われても、「相手の言うことが正しいと思ってしまう」のである。そして「私は感謝を知らない人間と思っている」と自己否定する。

彼女は厳しい祖父方に預けられた。「お前が悪い」といつも言われた。速く歩いたからと言って殴られた。

祖父は、よく母親に会わせた。そしてお母さんのことをお姉さんと呼ばせた。祖母から「お前は捨てられたようなものだ」といつも言われた。

彼女は「私は余分な存在になってしまった」と言う。言語的メッセージとしても、非言語的メッセージとしても「あなたはいないほうがよい」と言われ続ける。

私は他人にとって迷惑な存在だ。彼女はそう思っている。彼女は「早く死にたい、早く死にたい」といつも思う。「死んだほうがマシだ」といつも思う。

彼女はある時、友だちに育った家のことを「すごく嫌いだったんだ」と言った。すると、「せっかく育ててくれたのに」と友だちに言われた。この女性の場合、周囲の人全員がモラル・ハラスメントの加害者のようなものである。

自分が地獄にいるのも自分のせい？

ここまでいじめられても、誰も自分の気持ちを汲み取ってくれる人がいない。それは地獄で生きているようなものである。この女性の場合、攻撃的パーソナリティーの人のいじめから、迎合的パーソナリティーの人のモラル・ハラスメントまで、あらゆる種類のいじめを受けている。

モラル・ハラスメントの被害者は、まわりにモラル・ハラスメントの加害者を集めてしまう。

『モラル・ハラスメント』の著者マリー＝フランス・イルゴイエンヌは、実例の一つとして「お前はバカだ、何にもできない、社会に必要ない人間だ、いっそのこと自殺したほうがいい」と言われた人をあげている。そして「これほど激しい言葉の暴力でさえ暴力として認めることができず、加害者の言うことが正しいと思ってしまうのだ」と解説している。(註50)

そのとおりである。地獄で生きているのに自分が悪いと思っている。

なぜそうなるのか。それは小さい頃から「あなたは迷惑な存在だ」というメッセージを与え続けられたからである。小さい頃に母親から「あなたが生きていることが私には嬉しい」というメッセージを与えられてきた人との決定的な違いである。

逆に人を地獄に堕としているのに自分は悪くないと思っている人が、モラル・ハラスメントの加害者である。

モラル・ハラスメントの加害者とモラル・ハラスメントの被害者の関係は、カルト集団の教祖と信者の関係である。

真実を隠すために使われる言葉

イソップ物語に炭焼きの話がある。

一軒の家を持った炭焼きが、仕事をしながら、近所に家を持った羊毛をさらす人を見かけた。そこへ行って、自分と一緒に住めば、お互いに親しくもなれるし、一軒の家に住めば安あがりに暮らせると勧めた。すると、羊毛をさらす人は次のように答えた。

「それはできない。私がせっかく白くさらしたものを、あんたは煤《すす》で黒くしてしまうから」

よくいじめで自殺した人に向かって、「何で言ってくれないのだ」という言い方をする人がいる。「何で言わないのか?」。それは周囲の人たちにやさしさがないからである。彼らは口では「仲良くしたい」と言いながら、実際にやっていることは相手に被害を与えることである。

具体的な行動は相手に被害を与えつつ、口では「仲良くしたい」と言う。このずるさが問題である。

妻に間違った情報を与えつつ、妻に嘘をつき、妻を操っている夫がいる。それが原因で、妻が欲求不満で怒る。しかし、妻は夫と離婚したくない。だから夫へ直接に攻撃性を向けられない。

そこで攻撃性の置き換えをして、妻は子どもの担任の先生や隣人を怒鳴り散らす。夫は、紛争の原因を自ら作りながら、「私はみんなと仲良くしたい」と口先で言う。すると世間の人はその夫を「いい人」と言う。

前述したとおり、コミュニケーション論では言語的メッセージと非言語的メッセージとが矛盾した時には、非言語的メッセージに真実があるという。言葉は真実を隠すために使われることが多い。言語は表現の手段と思われているが、実は同時に自分の真意を隠す手段でもある。

非言語的メッセージと言語的メッセージの矛盾は、幼児には深刻な影響を与える。幼児はとまどう。何が何だか分からなくて自分一人の世界に引きこもる。

「つねに去就にまどうような『謎』のコミュニケーション様式が支配する環境に育つと、おそらく敏感な子供は戸まどいをくり返したあげく、退嬰的に自分の殻に閉じこもるか、形式的な言葉の面だけ——それも自閉的な形で社会の通念からはズレた意味を持つ——調子を合わせるか、その他なんらかの異常な生活態度を身につけざるをえないであろう(註51)」

表情とか、言葉の抑揚とか、姿勢とか、いわゆる非言語的コミュニケーションといわれているものがある。非言語的コミュニケーションにおいては、無意識的な領域のほうが大きい意味を持つ。これは隠そうとしてもどこかに表れる。しかし、心に葛藤のある人はそれが見えない。モラル・ハラスメントの被害者はその典型である。

モラル・ハラスメントの加害者は、非言語的メッセージと言語的メッセージが矛盾している。心理的健康な人なら、そこに反応する。つまり「この人、イヤだ」と思う。

ところがモラル・ハラスメントの被害者は、この矛盾を感じとれない。そして言語的メッセージを信じてしまう。それを信じる以外に罰を逃れる方法がないからである。

言語的メッセージはコントロールしやすい。モラル・ハラスメントの被害者は、美徳の言葉に翻弄される。

普通は小学校低学年までは、言語的メッセージよりも非言語的コミュニケーションの影響のほうが大きい。例えば、叱るのも、理論的に叱っても心に響かない。

「仲良くしよう」は対等な関係でのみ成立する

モラル・ハラスメントの加害者の「仲良くしたい」ということは、翻訳すると「うまく丸め込みたい」ということである。モラル・ハラスメントの加害者は、炭焼きのように仲良くなれない条件を作っておいて、「仲良くしたい」と言う。

世の中の人は、その言葉のほうを信じることが多い。そして「『仲良くしたい』と言っているのにね」となってしまう。

世間はよく質の悪い人にごまかされる。小ずるい人は、こうして裁判官までごまかしていく。言語的メッセージが重要な裁判などにおいては、モラル・ハラスメントの加害者の一人舞台である。

「仲良くしましょう」ということで、両方が歩み寄るのはよい。一方だけが「仲良くしましょう」という場合は、その人は取るほうの人である。相手を利用するほうの人である。

本当に立派であるということは、その場だけの態度ではない。「仲良くしましょう」というのは、状況の中ではじめて立派なことになる。

老人を騙す詐欺師は「何でも言ってくださいね」と言って、取っていく。裁判が人を判断する時には、多くの場合「仲良くしましょう」と言ったほうがいい人になる。「仲良くしましょう」と言ったことを断ったほうが、悪い人になる。

親切とか、仲良くなどは状況によって意味が違う。「何で仲良くしましょうと言うのか？」と考える。それが心の眼で人を見るということである。規範、道徳、善等々、それらが価値あるかどうかは状況による。

私たちは小さい頃から「仲良くしましょう」がよいことと教えられる。「これは正しいこと」と、場所と時間と人間関係の距離と関係なく教えられる。

現実の世の中ではいかなる状況でも、美徳などということはない。私たちは、初対面でも何でも「仲良くすることがよいこと」だと教えられる。「仲良くすること」に段階があることも、程度があることも、人間関係には距離があることも教えられない。

いかなる規範も、その前に質の悪い人か、質のよい人かが先である。その上ではじめて道徳がある。しかし、我々は小さい頃から「仲良くすること」はよいことである、立派なことであると教わる。学校で教えられてきたことは状況に関係なくよいことになる。

被害者と加害者がお互いに対等に考えられる。だから、加害者が「仲良くしましょう」ということに、被害者が「イヤだ」と言ったら悪いことになる。「仲良くすること」はよいことだから。

ある集団では集団全員がずるさを知っている。例えば、その子を除いて家族全員がずるいとする。そういう時にはずるくない子が犠牲になる。そしてその子は、ずるい扱いに慣れてしまう。だから、その子は大人になってもずるさに弱い。

親切がいつもよいこととは限らない

相手をユリならユリ、タンポポならタンポポと認めてあげることが、本当の意味で仲良くすることである。ユリにタンポポであることを強制しておいて、「仲良くしましょう」は無理。

ずるい人は、「仲良くしましょう」という言葉で歩み寄ってくる。そして渋った態度を見せると、「ええ、仲良くしないの？」と感情的恐喝をする。

「仲良くしましょう」といったから「イヤだ」と言った。すると「イヤだ」と言ったほうが悪くなる。「『仲良くしましょう』といったら、イヤなんですって」となって、感情的恐喝をされたほうが悪い人になってしまう。恐喝をしたほうが善人になって、恐喝をされた方が悪くなる。そして百万盗られる。

搾取タイプの人は、美徳のラッパを吹きながら人の物を盗りに来る。そういう人に一回狙われたらダメ。とにかく逃げる。

相手の要求を叶えることが親切という。そのとおりである。でも質の悪い人は、相手と関係を作るために親切をする。詐欺師は淋しい老人に親切をする。

状況と関係なく「親切はよいこと」というのがおかしい。搾取タイプの人は得するために親切をする。お金を貸したら、そこで舐められる。

搾取タイプの人の要求は、次から次へとエスカレートする。相手から求められたことをしたらひどい目にあう。搾取タイプの人は獲物を見ている。逆に搾取タイプの人の被害者は相手を見ていない。

モラル・ハラスメントの被害者は、敵意を持って相手を攻撃するべき時に反省してしまう。この人とは別れようと思うべき時に、感謝をしてしまう。「私は悪くない」と思うべき時に、「私は悪い」と思ってしまう。

逆にモラル・ハラスメントの加害者は、自分を反省するべき時に相手を攻撃する。感謝

する べき時に敵意を持つ。「私は悪い」と思うべき時に、「私は悪くない」と思う。

小さい頃からの道徳教育での間違いはここにある。道徳はつねに相手との関係の中で実践されるべきことである。それが大前提である。相手との関係を無視して「人はこうすべきである」と教えられれば、現実の世の中では殺される。

モラル・ハラスメントの被害者は、世の中の道徳教育の犠牲者でもある。世の中で立派なことを主張しているのは、たいていモラル・ハラスメントの加害者の側の人たちである。

世の中には「俺の物は俺の物、人の物は俺の物」と思いこんでいる人もいれば、「私の物は人の物、人の物は人の物」と思わされている人もいる。

自分は人に奉仕するべき人間であると思っている人もいれば、人は自分に奉仕するべきであると思っている人もいる。自己肯定・他者否定の人もいれば、逆に自己否定・他者肯定の人もいる。

誤解を怖れずに言えば、憎しみから人を殺しても仕方ないという時に、自殺する人もいる。逆に自殺してお詫びするべき時に、人を殺す人もいる。

相手の心に「美徳」という手錠をかける

「人を信じないのは悪いこと」というのが道徳である。

しかし、人を騙す人は道徳のラッパを高らかに吹く。心のない人から、厳しく道徳教育をされた人は、「なぜ、この人はこんなに立派なことを言うのだろう」と疑わない。

権威主義の父親に育てられれば、「なぜ?」と疑うことを禁じられている。それは「従順依存症」である。

不動産屋に騙されて判子を押した人は、弁護士から「隣に引っ越してくる人が『詐欺師かもしれないし、どこの馬の骨か分からないのに、そんな親切をして』」と言われると驚く。「私は相手の言うことを信じました」ということを裁判で主張しても、客観的証拠主義の裁判では信じてもらえない。騙す人は、一つひとつその場で証拠を消していく。

従順を美徳として育てられた人は、「判子を押してくれ」と言われると「イヤだ」とか「ダメだ」とか言えない。押してしまう。従順依存症の人は騙される、利用される、搾取される。そういう人にとって逃げることは知恵。

しかしモラル・ハラスメントの加害者は、相手を逃がさない。相手の心に美徳という手錠をかけて逃がさない。小さい頃から服従に慣れた人は逃げられない。隣人を助けるために、隣人のために「判子を押してくれ」と言われると、押さないではいられない。

「この判は何で？」と聞けない。

「この判はどういう意味？」と聞けない。

それが従順依存症である。モラル・ハラスメントの被害者である。

しかも人の心理として、いったん譲るとそれが正当なことと思えてくる。心がそれを受け入れる。

騙される人もそうであるが、騙す人も同じである。いったん相手を騙すと、騙す人は騙すことの正当性を心の中で信じてくる。「騙されるやつがバカなんだよ」と、騙すことを正当化する。「俺は何も違法なことをしていない、裁判になれば負けない、俺のほうが正当なんだ」と、自分のやったことを正当化する。

はじめに一〇のことをしてあげると、今度は一〇〇をしてくれと要求がエスカレートする。そこで五〇してあげると相手は不満になる。

従順には無責任感が伴う

モラル・ハラスメントの被害者とモラル・ハラスメントの加害者との関係で、どこが恐ろしいか。人はいったん相手から舐められると、なかなか取り返しがつかない。

「こいつを騙せる」といったん思われれば、そのイメージを変えることは難しい。それが相手から軽く扱われることの恐ろしさである。

人はいったん相手を舐めると、相手の性格が変わっても、変わったとは思わない。相手を舐めてしまうと、その後その人がどうなろうと舐め続ける。

相手を舐めることの特徴は、舐め続けるということである。だから初めに舐められないことが大切である。舐められて軽く扱われることをいったん許してしまうと、最後まで軽く扱われる。相手がどうなろうと相手と自分との関係は変わらない。

どうしても「そう」としか思えないのである。どこまでいっても相手は「たいしたことがない人」なのである。その人がどんなに努力しても、相手はその人を前と同じに扱おうとする。そして軽い扱いを受け入れないと、相手に腹を立てる。

従順依存症の人は、この世の中で一人で生きていかれない。「人の言うことを疑ってはいけない」と教えられているからである。実はそう教えた人が陰で悪いことをしているのである。そういう人は自分の悪いことに気づくことを許さない。

お母さんが「遊んではいけません」と言うと、子どもは怖くて遊べない。そうして成長した人は、大人になり働くことはできるが、生きることはできない。

なぜ「信じないことは悪いことです」と強者は弱者に教えたか。陰で自分が悪いことをしているから、疑われたら困るからである。その人自身が人を信じていない人だから「信じないことは悪いこと」と教える。強い立場にいる人から教えられているから、弱い立場にいる人は、人を信じるのである。

「今の世の中では、ホームレスが一番快適だ」と言われたらホームレスが快適と思う。従順依存症者は分からなくて動いている。従順依存症とは、従順で「これをしろ」と言われたらそれをする。悪行でも何でもしてしまう。

従順な人は、時に人に嫌われる。周囲の人を傷つけることがある。見ているのは権威主義の人だけだから。他の人には目がいっていない。人が見えないということは、従順依存症の証拠である。従順であれば従順であるほど、人が見えない。

心に葛藤のある親は、自分にとって都合がよいように子どもを育てている。子どもは親の道具になる。母なるものを持った母親は、その子が世の中で生きていかれるように育てている。

従順に伴うものは無責任感。従順になることで責任感が欠如してくる。騙された時には相手が悪い。そして、その悪い相手を皆が一緒に非難しなければ「けしからん」と怒る。騙された自分の不用意さを責められると怒りがあるが、それを表現できなくて悲しくなる。従順であれば従順であるほど騙されやすい。モラル・ハラスメントの被害者は従順である。

いじめることでしか他人とかかわれない

モラル・ハラスメントの加害者は、一度「相手は自分の支配に服すべき人」と思うと、決してその考え方を変えない。相手は自分に服従すべき人間であるという相手のイメージを決して変えない。

そしてさらに恐ろしいことは、モラル・ハラスメントの加害者はモラル・ハラスメントの被害者を必要としているということである。心の底で一番必要としているのが、いじめている相手である。相手がいなくなれば生きていけない。そのくらい相手をいじめることが必要なのである。だから何が何でも相手を放さない。

モラル・ハラスメントの加害者は、いじめることでしか相手とかかわっていかれない。しかも、自分は相手を愛していると思いこんでいる。

こうしてモラル・ハラスメントの被害者は、説明のできない広範な欲求不満に陥る。ある子どもは「僕はクモの網に捕えられて逃げられないんだよ」と言った。そしてしっかりと結んだ革紐で婦人にひっぱられているイヌの絵を描き、そのイヌが自分だと言う。これがモラル・ハラスメントの被害者の姿である。

無意識の中に憎しみがある場合

今「いじめることでしか相手とかかわれない」ということを書いた。分かりにくい文章である。具体的な例で説明する。

ある母親である。表面的な相談は、二一歳の娘とどうしたら仲良くできるかということである。母親は娘にお弁当を作る。娘は家を出る時に「お弁当いただきます」と言って出ていく。よそよそしい。母親は「どうしてそんな言い方するの」と爆発する。

母親は娘のご飯を作って、自分は部屋に入る。鍵をかける。母親が拗《す》ねている。母親は

「娘のやることなすこと気に入らない」と話す。娘のほうは、母親を扱いにくいと思っている。

これで「どうしたら娘と仲良くできますか?」と言われても相談はできない。無理である。娘との不仲をどうしたらいいかという相談自体がどこかおかしい。

母親は自分が「仲良くなりたい」というのが変であることに気がついていない。自分がドアを閉めているのだから。自分が仲良くできない環境を作っているのだから。つまり「仲良くなるのはイヤだ」と本人が言っている。それで「仲良くなりたい」と言う。

つまり、この母親は自分の願望が矛盾している。たしかに母親は娘と「仲良くなりたい」。でも娘との関係で、お母さんが幼児。母親が望んでいることはどういうことか? これが理解できないと、この矛盾は解けない。

この母親は小さい頃に母親と別れ、親戚の家をたらい回しにされている。大人になるまでは、死んでいようが、生きていようが、誰も関心を持ってくれない。幼児的願望がまったく満たされていない。

この母親が望んでいることは、自分の幼児的願望を満たしたいということなのである。この母親が「自分が今、娘との関係でしていることは、幼児期の甘える、拗ねるという体験だ」と理解できれば、考え方が少し違ってくる。それで一歩進む。

自分が食事を持って部屋に入って鍵をかける。それは拗ねているのだと理解できれば、一歩進む。彼女が本当にしてもらいたいことは、自分が部屋に入った時に「お母さん、どうしたの」と娘に声をかけてもらうことである。これは幼児。心の中で「絶対出ないからね」と言っている。

この母親は心がやさしいから、娘に対してモラル・ハラスメントの加害者にならない。この母親は人とどうかかわっていいか分からない。彼女は誰も自分を甘やかしてくれないということを知っている。

この心理状態が「いじめることでしか人とかかわれない」ということである。

モラル・ハラスメントの親は、子どもをいじめることでしか子どもとかかわれない。無意識に憎しみがあって、人とはかかわれない。人と心が触れ合えない。

実は、自分がいじめている子が親にとって一番必要な子どもなのである。親はいじめている子を無意識では一番頼りにしている。

家族全員である子をいじめている。実は、そういう時に親は自分のいじめに協力している子どもを頼りにはしていない。皆で一緒にいじめている子どものほうを頼りにしている。

モラル・ハラスメントの世界はそれほど複雑な構造を持っている。

加害者は「孤独なナルシスト」

モラル・ハラスメントの加害者も、どうしようもない怒りを持っている。その怒りを相手をいじめることでしか表現できない。とにかく相手が自分から離れるのが恐い。心の底でもっとも怖れるのは自分が孤独になることである。

それが相手のためにすべてのことはするが、相手に禁じているのは「この私から自由になることである」という好意的サディズムである。

モラル・ハラスメントの加害者はナルシストである。その結果、当然のことながら孤独である。そして相手から愛を求めている。愛を求める激しさは、普通の人の想像を絶する激しさである。

相手に対する非難も、実は相手への愛の要求の裏返しなのである。神経症的要求といわれるものの裏に隠されているのは愛の要求である。

モラル・ハラスメントの加害者は、とにかく相手を縛って自分から離れないようにしなければならない。だけど、相手に対して自分を寛大で自立した勇気ある人間に見せる必要がある。そして自分の意識では、自分はそういう寛大な人間であると思っている。

この矛盾の中で残される方法は、防衛的攻撃性しかない。相手への非難も直接的に表現しない。

相手が気に入らない態度をした時に「お前のその態度は何だ、許せない」とは言わない。弱々しく「どうしちゃったんだ」と言う。それは間接的な怒りの表現である。

「どうしちゃったんだ」というのは表現形式としては質問だけれども、裏に隠されているメッセージは非難である。怒りである。そして同時に隠されているメッセージは、「私を愛してくれ、私から離れないでくれ」というものである。

自分がいじめている相手は自殺するほど苦しんでいる。モラル・ハラスメントの加害者は、時にそこまで相手をいじめる。そして、その自殺するほど苦しんでいる人間からさえ愛されようとしている。

なぜギャンブル依存症の夫をかばうのか

モラル・ハラスメントの加害者とモラル・ハラスメントの被害者との関係を見るのに参考になるのが、ギャンブル依存症の夫と妻との関係である。

ギャンブル依存症の著作[註52]によると、ギャンブル依存症のパートナーは、たいてい両親の一人はアルコール依存症か、ギャンブル依存症であるという。あるいは虐待されている、あるいは心理的に病気である、あるいは親から愛されていない[註53]。

そしてギャンブル依存症者は、自分の罪をパートナーに負わせるのが得意である。そしてパートナーは、それを引き受けるのが得意であるという。そして、そうした役割をトラブルの多い子ども時代に自分自身で学習しているという[註54]。

著者は「パートナーは悪くない」という。しかし、あまりにも多くのパートナーは、ギャンブル依存症者が彼女に積み重ねた罪を買ってしまう。そしてパートナーはギャンブル依存症のことで自分自身を責める。

著者は「彼のギャンブルは、彼が何と言おうと、決してあなたの責任ではない」と言う[註55]。

ほとんどのパートナーは責任過剰で相手の世話をするという。

ギャンブル依存症の人は注意深くパートナーを選ぶ。そして彼らが避ける人は、自立していて、自己主張があって、自己評価の高い人である。

そして彼らが結婚しようとするのは自分を世話してくれる人である。なぜなら、彼らは何でも責任をとってくれる母親が必要だからである。妻のほうは働き過ぎ、別の仕事をして、連帯保証人になる。

彼女はギャンブル依存症の夫が、牢獄に入れられないためにすべてのことをする。彼が傷つかないように何でもする。そして彼女は自分のためには何もしない。

彼女は、例えばうつ病になる。彼女のほうが先に医者に行き、睡眠薬を飲み出す。

ギャンブル依存症の夫は、妻とのコンフリクトで勝者になる天才である。ギャンブル依存症の夫は妻に、妻が尽くしたことを言わせないようにする。彼女は彼のためにしなかったことを彼に詫びることになっている。

結果として、夫は妻に、夫の行動を変えられなかったことについて罪悪感を持たす。しかも、彼女はギャンブル依存症の夫が去っていくことを怖れる。一人になったらこの世は耐えられない。

ギャンブル依存症の夫の借金の整理で、彼女はもう友だちにも親戚にも会えなくなっている。社会的に孤立している。

カレン・ホルナイはサディズム的愛の説明の中で、「そしてパートナーを孤立させる。相手を所有することと貶すことのプレッシャーを結びつけて、相手を完全な依存状態に追いこむ」(註56)と述べている。

ギャンブル依存症の夫の妻は、夫が病気だということに気がついていない。怖れを知らないと妻は見ている。そのとおりである。それは無謀ということだろう。これは楽天的とは違う。勇気とも違う。

ギャンブル依存症の夫の反応を怖れて、彼女は経済的問題を議論することを避ける。ラジオのテレフォン人生相談等で、いつも奥さんは「その問題を持ち出さなければ騒がないんです」と言う。

不倫であれ、ギャンブルであれ、物事に直面することを避けるパートナーが、依存症者には都合がいいし、依存症を悪化させる。

以上がギャンブル依存症の著作からの説明である。

この「ギャンブル依存症の夫の妻は、夫が病気だということに気がついていない」の文章を、「モラル・ハラスメントの夫の妻は、夫がモラル・ハラスメントだということに気がついていない」と言い換えれば、見事に当たっている。

第5章

モラル・ハラスメントとの戦い方

真面目だけど弱い被害者たち

周囲の人から甘い汁を吸われた人たちに何の問題もなかったかというと、そうではない。カモであった人にも問題はある。

「惨め依存症」という言葉が英語にある。自分が惨めでなければいられない人である。

テレフォン人生相談等をしていると、よく夫の暴力や女ぐせの悪さに悩んでいる女性が電話をかけてくる。彼女自身は真面目で努力家である。長年にわたって虐《しいた》げられている。夫を憎みつつ別れることができない。

真面目だけれども弱い人である。まわりの人との関係では「言われっぱなし」「やられっぱなし」という人がいる。大人になっても、いじめられっ子のような人である。

そこまで痛めつけられればエネルギーがなくなる。エネルギーがなくなるから、敵意を抑圧する。敵意を抑圧すると、いよいよ言われっぱなし、やられっぱなしになる。そこでさらにエネルギーがなくなるという悪循環に陥る。

「言われっぱなし」「やられっぱなし」という人は「今の自分」を守るために生きている。「今の自分」を守ることにエネルギーを消費している。

彼らは周囲に対する信頼感がないから、自分を守ることにエネルギーを使う。自信がないから、何だか分からないけど、何かから自分を守ろうとする。こうなってくると、いじめられているのにいじめられているということにすら気がつかなくなる。

こうした弱い人の問題は、小さい頃「あなたが、一番好きなものはこれだ」と誰かから教えられていることである。そして教えられたとおり、自分は「これが一番好きなものだ」と思いこんでいる。

「真面目だけれども弱い人」は「あなたはこれが好きよ」と母親に言われると、それを「好きだ」と思ってしまう。そう思っているけれども、実は心の底ではそれを好きではない。

人からやられっぱなしで戦えない人は、自分が好きだと思っているものが、本当には好きではないから戦えないのだということに気がつくことである。それに気がつけば強くなれる。

戦わない人には本音がない

戦わない人には本音がない。「これが本当の私だ」ということを感じたことがない。自分自身を生きたことがない。あのケーキが欲しいとなれば戦う。「真面目だけれども弱い人」は「私はこれが欲しいんだ」と思ったことが一度もない。

いじめられて生きてきた人は、自分を振り返れば、自分の人生には何もなかったことに気がつく。「本当に生きた」ということが一度もない。

こうした弱い人は表面的にはいい人でも、心の底では淋しくて不満だからすぐに人から扇動される。心の中が空虚だから、つねに人に影響される。

例えば、パーティーでひとりぼっち。自分から会話に参加できない。そこで声をかけてくれた人に飛びつく。社会的に問題をおこす新興宗教に入るような人は、こういう淋しい人である。彼らは　山道を一人で歩いている。

また戦えない人は、好きなことも分かっていないが、本当に嫌いな人が分かっていない。「あの人だけはイヤだ」という人がいない。だから自分が「嫌いだ」と思っているものが、「本当には嫌いではない」と気がつくことである。

戦えない人には、建前も本音もない。本当の意味で好きも嫌いもない。モラル・ハラスメントの被害者になる人は、嫌われることを怖れて生きてきた人である。劣等感の強い人。虚栄心の強い人。

こういう人は、人に見せる自分と「本当の自分」が違ってくる。どうしても自分の適性より世間体を優先する。人から認めてもらいたために、「本当の自分」ではない自分を演じてしまう。

その世間に向けた仮面が長くなると、実際の自分の顔と、つけた仮面の区別が分からなくなってくる。そうなると努力はしているのだけれども、なぜか幸せにはなれないようになる。生きているような、生きていないような感覚になる。「何だか変だ」と心の底で感じるようになるが、どこが変だか分からない。

小さい頃から、間違って「自分はこうならなければいけない」と思いこんでいる人、そのようにいじめられている人は、自分の本音を探すことである。間違った価値観をたたき込まれたままで長いこと生きてきた人は、人から拒絶されてもいいから自分の意志を探す。

信頼関係がないとありのままの感情は出せない

ある離婚騒動中の奥さんである。ご主人は愛人と同居している。奥さんは別居して、一人でいる。有名な避暑地に別荘がある。ご主人は愛人と別荘を利用している。

ご主人が「別荘の鍵を郵便ポストに入れてくれ」と奥さんに言ってきた。奥さんは「これは返さない」でいい。奥さんのものなのだから。ところが奥さんはそれが言えない。恨みを買うと損だから言わない。だんだんと愛人と奥さんとの位置づけが変わってくる。

奥さんは何も言い訳する必要がない。ただ「イヤだ」と言えばよい。ところが、「あなたが、ああ言ったから、こう言ったから」という言い訳になる。

とにかく戦うことができない。いつもグジュグジュ言う人は、ものに執着する。正面切って戦わない。

相手から恨みを買うことを覚悟で、相手と戦う。憎しみの感情が消えない人は、真っ向から戦っていない。

戦うことで失うものは大きい。そういう人たちは、戦ったら周囲の人の好意を失うと思っている。そして好意を失うのが恐い。

モラル・ハラスメントの被害者になる人は、ものすごく悔しいけれども、その悔しさを相手にぶつけることができない。そしてそのすごい悔しさの感情をいつまでも持ち続ける。なぜ持ち続けるのか？　それは悔しさの感情を吐き出せないから。吐き出すことで失うものが大きいからである。

そして悔しさの感情を持ち続けるうちに、いつしか恨み深い性格になっている。恨み深い性格になったときには、すでに周囲の人が嫌いである。基本的欲求、愛情欲求が満たされていない人は、だいたい恨み深い性格になる。

愛情欲求が満たされていなければ、当然のことながら周囲の人に「こうしてほしい、ああしてほしい」という要求がある。その要求は期待したようには満たされない。そこで傷つき、怒り、最後は恨む。その過程で周囲の人が嫌いになる。

嫌いだけれども人間関係を維持しなければならない。社会の中で適応しなければ生きていかれない。嫌いな人とうまくやっていかなければ社会の中で生きていかれない。そこで自分に屈辱感を与えた人に対して、ストレートに怒りの感情を吐き出せない。

人は本当に信頼し、好きな人に対しては、ありのままの感情を出せる。しかし、嫌いな人に対しては感情を出せない。

好きな人とはうまくやっていかれる自信があるから感情を出せる。感情を出しても関係は終わらないと感じるから、感情を出せる。しかし、嫌いな人とこれからもうまくやっていかなければならないとなると、感情は出せない。

信頼があれば感情を出せる。相手を好きなら言える。そうすれば、「好きだけど嫌い」という矛盾した感情を持たない。

逃げるべき時はすぐ逃げる

戦わない人は受け身の人。依存心が強い人。依存心の強い人は、人の好意で自分を守ろうとしている。それが不安から迎合する人である。

逆に戦う人は、逃げるべき時にはすぐに逃げる。戦わない人は逃げるべき時にも逃げない。

従順な人は「戦ってはいけない」というメッセージを受け入れてしまっている。仲良くすることは美徳だから。従順を美徳として育てられた人は、戦うことを心理的にも怖れる。しかし、現実の世の中では戦わなければ生きていかれないことがある。

世の中にはずるい人や搾取タイプの人がうようよしている。そういう人たちとかかわらないで生きていかれるわけではない。ことにずるい人は従順な人を狙う。ずるい人にとって従順な人は格好の獲物である。あらゆる点で狙われる。

経済的に搾取されることもある。搾取タイプの人が従順な人をいじめることで自分の心の傷を癒す対象にされることもある。

そんな時には人は戦わなければ、餌食にされるだけである。しかし、今述べたように従順な人は戦えない。戦うことが不安なのである。小さい頃から怯えて生きてきている。そしてこの怯えをずるい人は察知する。そしてこの人を心身共に搾取することで生きていこうとする。ずるい人は他人の負担で生きていこうとする。

従順を強いられて育てられなければ、怯えていない。しかし、従順を強いられて育てられるということは、内面から拘束されるということである。心に手錠をかけられているということである。

心の中がいつも何かに支配されている。心の中に暴力団がいるようなものである。そういう人は現実の力では強くても、心の中が怯えているから戦えない。

国で言えば、戦力があっても戦えないのである。逆に軍事力の弱い国の言いなりになってしまうようなものである。

「世間の心配ごとの多くは、それにびくびくと対処しているうちに重大な問題にまでふくれあがってしまうのです(註57)」

たいした問題ではないのに、怖れているうちに、その人にとって大きな問題になってしまう。怖れることで問題は大きくなる。問題そのものが大きいのではなく、その人がその問題に怯えることで、その問題を大きな問題にしてしまうのである。

一番稼いでいるのに家を持っていない理由

前述したが、ある境界線の争いである。片方がずるい人で、他方が従順な人であった。一〇年間争っているうちに、従順な人の土地はどんどん狭くなっていってしまった。信じられないことであるが、実際にそういうことがある。

ずるい人も、最初はそんなにうまくいくとは思っていなかった。しかし、「言ってみると」、相手は譲る。騒いでみると、また得する。その繰り返しの中で、ずるい人は「ここまで」「ここまで」と自分の土地を広げていってしまった。

境の垣根がどんどん自分の土地の中に侵入してくるのに、従順な人はそれと戦えない。そしてなんと、その損をしたほうがノイローゼになり、入院をしてしまった。そして家族崩壊である。

そして他人の土地を奪ったほうは病気にならない。奪ったほうも色々と心理的な問題を抱えているが、家族内の敵意を隣との争いではらしているから病気にならないのである。

怯えて生きることの恐ろしさである。従順を美徳として育てられた人は、まず自分の心の中を正面から見つめて、心の中の立て直しから始めることである。家の立て直しよりも、心の中の立て直しのほうがはるかに重要である。

それをしないと稼いでも稼いでも、かかわった人に取られてしまう。それが従順に育てられた人の悲劇である。

私の知っている人は、親族の中で一番稼いでいるのだが、その人だけが家を持っていない。まさに稼いでも稼いでも、ずるい親族に取られてしまう。

アメリカの心理学者デヴィッド・シーベリーは「自分自身にかけられている否定的な暗示に気がつくことから、治療は始まるのです(註58)」と述べている。

小さい頃から不当に扱われてもなお従順にしていることを強制され、心の底まで従順の美徳を教え込まれた人は、怯えて戦うことができない。

しかし、とにかくその戦う恐怖に打ち勝つことから始めることである。今、自分がしようとしていることに怯えている。しかし、現実には怯えることでも何でもない。このずるい人たち、搾取タイプの人たちと戦うことで、自分を変えるのだという意識が必要なのである。

人は戦うことで自分を変えられる

その戦いは、今までの心理的虐待を乗り越えるチャンスでもある。この搾取タイプの人に出会ったことが、自分を変えるチャンスだと受け止めて戦うことである。

人は戦うことで変わる。戦うことで心の底にこびりついた恐怖感を払拭するのである。シーベリーは「恐怖に向かって言うのです」と書いて、次のように続けている。「お前に私を打ち負かせはしない」。そう自分に暗示をかけなさいという。「私を打ち負かせない」というよりも、「私はお前を打ち負かす」という心の姿勢である。

人は何となく不安で消耗していく時には、恐怖感に打ち負かされている時である。人と戦っているときの恐怖感、あるいはこれから戦わなければならない恐怖感である。

従順な人は心の底に恐怖感を抱いている。

「実際に事故が起きる前に、すでにその人の心には、そういう種類の不幸なできごとが形づくられているということを意味しているのです（註59）」

これが従順な人の人生が不幸になる理由である。従順な人は、小さい頃から人の言いなりになって生きてきた。それは心の底に恐怖感があるからである。

従順の動機は恐怖である。従順な人は小さい頃から恐怖心を抱いて生きてきている。長年にわたって恐怖心を抱いて生きてきたので、恐怖心のない心のあり方が想像できない。長年にわたって心に手錠をかけられて生きてきたので、心に手錠をかけられていない自由な心理状態が想像できない。それは、人の言いなりになる生き方以外の生き方が想像できないということでもある。シーベリーは「体調の低下もやはり、意識下の否定的な心象の結果なのです」(註60)と述べている。

従順な人は自分の意識下には自分の否定的なイメージがあるということに気がついて、それを正面から見据えて解消することである。自分の心にかけられた手錠を正面から見据えることである。この手錠のおかげで学校でも職場でもいじめられた。この手錠のおかげで戦えなかった。

否定的な過去を清算する方法

否定的なイメージを解消するということは、なぜ、否定的なイメージを持ったかを考えてみることである。そこには何の根拠もない。権威主義的な親が、単に親自身の都合で子どもに従順を強いただけである。

それ以後、従順な人のまわりには搾取タイプの人が集まった。高等学校の時にも、会社に入ってからも、まわりには搾取タイプの人が集まってきた。

子どもは、何の理由もなく「お前はダメな人間である」というメッセージを受け入れてしまった。この時に長い人生でモラル・ハラスメントの被害者になる土台ができた。

今、自分は何の根拠もない自分のイメージに苦しんでいるのだということを、自分に明確にするのである。

自分は従順に生きなければいけないという美徳を心の底に持っているから、ずるい人と対立できないのである。だからこそモラル・ハラスメントの被害者になるのである。

そして搾取タイプの人と対立することにものすごい罪の意識を持つ。ものすごいストレスを感じる。そしてそのストレスから夜も眠れなくなり、心身共に消耗していく。

「多くの人々は、恐怖の行動に強迫的に駆られていくのです[註61]」

強迫的ということは「そうしないではいられない」ということである。それは小さい頃からの心の手錠が原因である。不当なことにも逆らってはいけないという心理をたたきこまれている。

自分の怖れには何の根拠もないのだと気づき、それを払拭する。戦いはその機会である。

モラル・ハラスメントの加害者との戦いは、今までの過去を清算する機会である。

過去の清算は難しい。小さい頃からの人間環境が今のその人のパーソナリティーを作っている。

しかし、今の戦いはその過去から解放される機会である。それが搾取タイプの人と戦うということである。とにかく搾取タイプの人と縁を切る。

もっとも怖ろしいのは「恐怖感依存症」

恐怖感の中でも、問題は神経症的恐怖感である。

心理的健康な人が持つ恐怖感は生きていくために必要なものである。絶壁の上に来たら恐怖感を持たなければならないし、暴力を振るう人には恐怖感を持たなければならない。生きていくために恐怖感は必要なものである。

問題は、本当は恐くないものを恐いと感じることである。騙そうとしている相手が悪い。だからこちらは相手を怖れる必要がない。その怖れる必要のない相手を怖れてしまう。

そしてストレスで心身共に消耗する。自律神経失調症になる。体調を崩す。ノイローゼになる。うつ病にもなる。その神経症的恐怖が問題なのである。

実際に何も怖くないものを恐いと感じるのが、神経症的恐怖感である。それが心の手錠である。

シーベリーは「恐怖に対する最初の習慣的反応の一つが怒り(註62)」だと述べ、そして「脅威に立ちむかうエネルギーを怒りが与えてくれます(註63)」という。

しかし、この神経症的恐怖感は無駄なエネルギーに消費されるという(註64)。

そしてもっとも恐ろしいのは恐怖感依存症である。何でもかんでも恐くなってしまう。誰でも彼でも怖ろしくなってしまう。誰に対しても従順になるのが、従順な心の持ち主である。

対人恐怖症の人などは恐怖感依存症といってよいのであろう。恐怖感依存症ほど恐ろしいものはない。まず、自分が依存症とは気がつかない。

アルコール依存症は、周囲の人が「彼はアルコール依存症だ」と気がつき、アドバイスもする。しかし、恐怖感依存症の人にはそれがない。

シーベリーは「習慣となってしまった恐怖感は、わがままと同じものなのです(註65)」と書いている。

はじめに書いた「世間の心配ごとの多くは、それにびくびくと対処しているうちに重大な問題にまでふくれあがってしまうのです」と書いた後に、シーベリーは次のように続けている。

「激しすぎる行動の方が、なにもしないも同然の状態よりずっとましです。困難に立ちむかうことにおいては、急進的な大胆さよりも保守主義のほうが危険なのです（註66）」

激しすぎる行動は社会的に問題を起こす。それだけに望ましくはない。しかし、何もしないということで、その人の恐怖感が増大し、もっと脅える人になってしまう。

何よりも大切なのは、心の中の恐怖感を取り除くことである。

アメリカの格言に「亀を見よ。亀は首を突き出しているときだけ、前に進んでいる（註67）」という言葉がある。

堅い甲羅《こうら》の中に首を隠している時には亀は止まっている。自信と勇気を持てば、人間は力を発揮する。首を突き出すことで恐怖が消える。

どんなに失敗したように見えても、「あの人には誠意がある、生きざまがよい」という生き方がある。首を突き出して生きる、それが戦う生き方である。

加害者には人を愛する能力がないと知れ

モラル・ハラスメントの加害者にも被害者にも大きな勘違いがある。

まずモラル・ハラスメントの加害者である。第一は、自分の執着を愛と勘違いしている。第二は、自分に力がないと周囲の人は自分を大切にしてくれないと勘違いしている。力がないと自分は自分を守れないと勘違いしている。それはすでに書いた番長の心理と同じである。力がなくてもやさしい人と生きていれば大切にしてくれる。

要するにモラル・ハラスメントの人々は幻想の中で生きている。現実の中で生きていない。そして自分は自己実現して生きていないから、力を渇望している。そのことを認めることである。

人は自分が幸せになれば、周囲の人を幸せにできる。自分が不幸だと、周囲の人を不幸にする。「あなたさえ幸せになれば」というのはまったく逆である。私が幸せになればあなたを幸せにできる。

そもそも「あなたさえ幸せになれば」と言う人は、相手の立場に立つということができない人である。そんなことを言われたら、言われたほうがどう感じるかということをまったく考えていない。この種のことを言う人は、相手の立場に立ってものを考えることができない人である。

つまり、自己執着のものすごく強い人である。つまり、愛する能力がない。つまり、幸せになる能力がない。こうして不幸な人はサディストになる。そうすると人の不幸で癒される。

自分が不幸である限り、人を幸せにすることはできない。不幸な人は、残念ながらモラル・ハラスメントの加害者になるか、モラル・ハラスメントの被害者になるかである。

モラル・ハラスメントの加害者には第三の大きな勘違いがある。それは、自分は理想の人間にならなければいけないという勘違いである。

しかし、自分は理想の人間になれないと心の底で知っている。そこで弱い立場の人間に理想の人間になることを強いていじめる。

弱い立場の人間に理想の人間になることを強いることで、自分の心の葛藤を解決しようとしている。そういう人たちの教育とか励ましとか訓練とかいうのは、すべて自分の絶望感を隠すための口実である。

被害者も加害者にしがみついている

モラル・ハラスメントの加害者には色々と勘違いがあるが、同じようにモラル・ハラスメントの被害者にも勘違いがある。

カレン・ホルナイがサディストにどう有効に対処したらよいかを次のように書いている。

「それは自分自身のサディスト的傾向を分析することである（註68）」

すでにギャンブル依存症の妻をはじめ、モラル・ハラスメントの被害者には心理的に問題があるということを書いてきた。

現代のいじめ問題でもっとも無視されているのが、この点である。いじめ問題の最大の責任者自身が、モラル・ハラスメントの加害者である可能性があることが議論されることがない（註69）。

カレン・ホルナイは「サディストは不幸だし、また人を不幸にする。人を愛する能力のある人は幸せだし、人を幸せにする」という言葉でサディズム的愛の講義を終えている。

モラル・ハラスメントの被害者の問題は、何よりも自分の依存心の強さである。被害者は自分に理想を強いる加害者と別れるのに、良心の呵責《かしゃく》を感じる。相手から離れることに罪の意識を覚える。

すでに繰り返し書いたように、モラル・ハラスメントの加害者は相手の罪の意識を利用して相手を操作する。モラル・ハラスメントの被害者が罪の意識とか良心の呵責と思っているのは、実は本人の強度の依存心にしかすぎない。

たしかにモラル・ハラスメントの加害者は被害者にしがみついている。しかし、同時に被害者のほうも加害者にしがみついているのである。

モラル・ハラスメントの被害者が自覚しなければならないのは、自分をいじめる相手にしがみついているのは自分のほうなのだということである。

たしかにモラル・ハラスメントの加害者にいじめられている。いじめ抜かれている。徹底的にいじめられているかもしれない。

しかし、自分をいじめている相手に、しがみついているのは自分自身のほうである。そのしがみついている原因が強度の依存心である。

ギャンブル依存症の夫に対して、「この人は私がいなければ生きていかれない」などというのは、みな自分の強度の依存心や自己無価値感を隠すための口実である。そこまでいじめられれば、普通の人は離れる。

要するにモラル・ハラスメントの被害者と加害者の関係は、自己執着の強い人と強度の依存心を持った人の歪んだ関係である。すでに書いたように心に葛藤を持った人同士の共食いである。共に生きる上で接する相手を間違えている。

現実の自分を認めればモラル・ハラスメントの加害者は生きる方向を変えられるし、被害者は今の人間関係を変えられる。

モラル・ハラスメントの被害者は、とにかく相手から離れる。別れる。逃げる。自分がいじめられているということを社会の誰もが理解できなくても、神様は理解している。そう信じて夜逃げする。

離れる時に罪の意識を持つとすれば、それは良心ではなく依存心。

心の自分史を見つめ直すことでモラハラから抜け出せる

では、モラル・ハラスメントの被害者が心理的に回復するためにはどうしたらよいか。

それはそれぞれの箇所で書いてきたつもりであるが、最後にもう一つ、どうしたらモラル・ハラスメントの被害者から抜け出せるかということを書いておきたい。

それは自分の心の歴史を見つめることである。自分の心が、今のようにうっ屈としている状態にたどり着くまでの歴史である。今のように何かにとらわれている状態にたどり着くまでの歴史である。

なぜ自分は、機嫌よく、楽しく、明るく、気楽に生きられないのか。生まれてから今の状態にたどり着くまでの過程を考える。自分と両親との関係はどうであったのか。表面的に愛情の関係だが、本質は憎しみあっていたのではないか。

どういう方法で自分は操作されて成長してきたのか。親のラケットといわれる慢性的不快感情で操作されて生きてきたのか。

つまり、親は失望やため息をつきながら、子どもを思うように支配しようとしたのか。何を善と思わされ、何を悪と思わされて生きてきたのか。

親の憎しみの感情はどういう形で表現されていたのか。親は自分の惨めさを誇示することで子どもを思うように操作していたのではないか。

就職の時に提出するような履歴書と同じで、自分の心の歴史を調べる。「本当は、その時に自分はどう感じていたのか」。それを思い起こす。

自分はモラル・ハラスメントの被害者であることに気がついたら、相手が親だろうが兄弟だろうが、友人だろうがとにかく逃げる。恋人ならもちろん逃げる。結婚していても逃げる。

将来が不安だとか、子どものことが心配だとか、何をされるか分からなくて恐いとか、色々な口実を設けて現状にしがみつかない。

逃げられないための理由は、すべて自分の依存心を隠すための口実に過ぎない。

文庫版へのあとがき

多くの人は毎日色々なことで悩んでいる。そしてその悩みの原因は、まさにそのことであると思っている。

例えば、歯並びが悪いといって悩んでいる人がいる。上の歯が二本残してほとんど虫歯だという。下の歯も五本虫歯だったらしい。

すると夜も眠れなくなり、睡眠薬とお酒で苦しんでいる。昼間は自分の醜さが太陽の明るさに照らし出されるのが耐えられなくて、布団を被って寝ているという。彼は、今の悩みは歯そのものが原因と思いこんでいる。

別の人は歯のかみ合わせが普通の人と逆になっているので、苦しんでいる。矯正か外科的手術で直せるのだが、やはり悩んで毎日食事ものどをとおらない。この人も、食事ものどをとおらない原因は反対咬合《こうごう》と思いこんでいる。

身近な人ではないので、この二人がどのような経緯でこうして悩んでいるかは分からないが、歯並びそのものが原因とは限らない。

もしかすると、長いことモラル・ハラスメントに苦しんで生きてきて心理的に消耗していることが本当の原因かもしれない。モラル・ハラスメントでエネルギーを吸い取られていることが、基本的な原因かもしれない。様々な悩みの一番奥にある原因はモラル・ハラスメントかもしれない。

同じような虫歯や反対咬合で別に楽しく生きている人もいる。つまり、悩みには色々と原因があるだろうが、同じことを同じように人は悩んでいる訳ではない。

基本的に生きるエネルギーを失って抑うつ状態になり、その結果、些細なことをものすごい悩みにしているのかもしれない。

生きるエネルギーのある人は相当深刻な問題でも悩んでいない。そう考えると、モラル・ハラスメントを受けて成長してきたということは、ものすごく深刻なことなのである。サディズム的愛は絶望の土壌で育つ。カレン・ホルナイの重要な指摘である。その絶望が伝染した。

今、悩んでいる人がもし違った家庭で成長していたら、同じ歯並びでも、それは悩みの原因にはなっていなかったかもしれない。もしかすると歯並びを直さなくても、伝染した経路をたどることで、悩みでなくなるかもしれない。

序章に「人間関係には分かりやすい人間関係と分かりにくい人間関係がある」と書いた。本音を自分にも人にも隠すと、分かりにくい人間関係になる。そしてトラブルが起きる。

「ほとんどの母親は息子が家で暮らし続けることを望んでいないふりをし、口では『そろそろ独立していいころね』と言う。しかし本心では家にいてほしいと願っている。たいていその本音は隠されているのである。

母親は一応そのつもりなのだが、いざ息子が出ていく段になると、アパートが汚いとか危険なところだとか、車がない、きちんと食事できないなど、ありとあらゆる口実を見つけだす。

この複雑な状況を簡単に言えば、母親はさみしいから息子に家にいてほしいのだ」(註70)

これはもちろん父親と息子との間でも生じる。

加藤諦三

註

1 Karen Horney, The Unknown Karen Horney, Edited by Bernard J. Paris, Yale University Press, 2000, p.126

2 Erich Fromm, The Art of Loving, Harper & Publishers, Inc., 1956, p,52

3 Rollo May, Love and Will, Dell Publishing Co., INC., 1969 小野泰博訳『愛と意志』誠信書房、404頁

4 Karen Horney, The Unknown Karen Horney, Edited by Bernard J. Paris, Yale University Press, 2000, p.22

5 ibid., p.126

6 ibid., p.132

7 Karen Horney, Our Inner Conflict, W. W. Norton & Company, 1945, p.291-292

8 Erich Fromm, The Art of Loving, Harper & Publishers, Inc., 1956　懸田克躬訳『愛するということ』紀伊國屋書店、1959年、86頁

9 前掲書、85頁

10 Erich Fromm, The Art of Loving, Harper & Publishers, Inc., 1956, p.52

11 フリーダ・フロム・ライヒマン、早坂泰次郎訳『人間関係の病理学』誠信書房、1963年、369頁

12 Rollo May, Meaning of Anxiety, W. W. Norton & Company, 1977　小野泰博訳『不安の人間学』誠信書房、1963年、241頁

13 Karen Horney, The Unknown Karen Horney, Edited by Bernard J. Paris, Yale University Press, 2000, p.127
14 ibid., p.127
15 ibid., p.127
16 ibid., p.126
17 「読売新聞」1997年8月25日付
18 Karen Horney, The Unknown Karen Horney, Edited by Bernard J. Paris, Yale University Press, 2000, p.128
19 R.D.Laing & A.Esterson, Sanity, Madness and the Family, Penguin Books, 1964　笠原嘉・辻和子訳『狂気と家族』みすず書房、1972年、121頁
20 マリー＝フランス・イルゴイエンヌ、高野優訳『モラル・ハラスメント』紀伊國屋書店、1999年
21 Erich Fromm, Man for Himself, Fawcett World Library, Inc., 1967　谷口隆之助・早坂泰次郎訳『人間における自由』創元新社、1955年、131頁 - 132頁
22 前掲書、132頁
23 Karen Horney, The Unknown Karen Horney, Edited by Bernard J. Paris, Yale University Press, 2000, p.128
24 Dan Kiley, The Peter Pan Syndrome, A Corgi Book, 1984. p30
25 ipid., p.30
26 Karen Horney, The Unknown Karen Horney, Edited by Bernard J. Paris, Yale University Press, 2000, p.128
27 ibid., p.127
28 ibid., p.127
29 ibid., p.127
30 マリー＝フランス・イルゴイエンヌ、高野優訳『モラル・ハラスメント』紀伊國屋書店、1999年、254頁
31 The detached personality

32 Beran Wolfe, How to Be Happy Though Human, Farrar & Rinehart Incorporated, 1931, p.237
33 Beran Wolfe, How to Be Happy Though Human, Farrar & Rinehart Incorporated, 1931　周郷博訳『どうしたら幸福になれるか（上）』岩波書店、1960年、88頁
34 前掲書、196頁
35 Rollo May, Meaning of Anxiety, W. W. Norton & Company, 1977　小野泰博訳『不安の人間学』誠信書房、1963年、61頁
36 Alan Loy McGinnis, Bringing Out The Best In People, Auguburg Publishing house, Minneapolis, 1985　加藤諦三訳『ベストを引き出す』日本実業出版社、1987年、161頁
37 Karen Horney, The Unknown Karen Horney, Edited by Bernard J. Paris, Yale University Press, 2000, p.127
38 ibid., p.129
39 The compliant personality
40 Rollo May, The Meaning of Anxiety, W. W. Norton & Company, 1977　小野泰博訳『不安の人間学』誠信書房、1963年、67頁
41 Erich From, Man for Himself, Fawcett World Library, Inc., 1967　谷口隆之助・早坂泰次郎訳『人間における自由』創元新社、1955年、262頁
42 前掲書、263頁
43 Rollo May, The Meaning of Anxiety, W. W. Norton & Company, 1977　小野泰博訳『不安の人間学』誠信書房、1963年、116頁
44 前掲書、115頁
45 前掲書、66頁
46 The compliant personality
47 Karen Horney, The Unknown Karen Horney, Edited by

Bernard J. Paris, Yale University Press, 2000, P.30
48 Journal of Family Psychology © 2009 American Psychological Association 2009, Vol. 23, No. 4, 540-550 0893-3200/09/$12.00 DOI: 10.1037/a0015448 Moderators of the Link Between Marital Hostility and Change in Spouses, Depressive Symptoms Christine M. Proulx The University of Missouri Cheryl Buehler and Heather Helms University of North Carolina at Greensboro
49 Karen Horney, The Unknown Karen Horney, Edited by Bernard J. Paris, Yale University Press, 2000, p.127
50 高野優訳、紀伊國屋書店、1999年、252頁
51 井村恒郎、木戸幸聖「コミュニケーションの病理」『異常心理学講座第九巻』井村恒郎・懸田克躬・島崎俊樹・村上仁・責任編集、みすず書房、1976年、257頁
52 Mary Heineman, Losing Your Shirt, Hazelden, 2001
53 ibid., p.27
54 ibid., p.29
55 ibid., p.70
56 Karen Horney, The Unknown Karen Horney, Edited by Bernard J. Paris, Yale University Press, 2000, p.126
57 David Seabury, Stop Being Afraid, Science of Mind Publications, Los Angeles, 1965 加藤諦三訳『問題は解決できる』三笠書房、1984年、37 - 38頁
58 前掲書、157頁
59 前掲書、168頁
60 前掲書、168頁
61 前掲書、172頁
62 前掲書、173頁
63 前掲書、173頁

64 前掲書、173頁

65 前掲書、173頁

66 前掲書、37 - 38頁

67 『「青い鳥」をさがしすぎる心理』PHP研究所、1995年

68 Karen Horney, The Unknown Karen Horney, Edited by Bernard J. Paris, Yale University Press, 2000, p.132.

69 ibid., p.133

70 Dan Kiley, Peter Pan Grows Up　加藤諦三訳『ピーター・パン・コンプレックス』扶桑社、1994年、284頁

本作品は小社より二〇一三年六月に刊行された、
『モラル・ハラスメントの心理構造』を改題し、文庫化したものです。

モラル・ハラスメントの心理《しんり》

著者　加藤諦三《かとうたいぞう》

二〇一五年九月一五日第一刷発行

発行者　佐藤　靖
発行所　大和《だいわ》書房
東京都文京区関口一─三三─四 〒一一二─〇〇一四
電話 〇三─三二〇三─四五一一

フォーマットデザイン　鈴木成一デザイン室
本文デザイン　福田和雄(FUKUDA DESIGN)
本文印刷　信毎書籍印刷
カバー印刷　山一印刷
製本　小泉製本

ISBN978-4-479-30557-6
乱丁本・落丁本はお取り替えいたします。
http://www.daiwashobo.co.jp

だいわ文庫

加藤諦三（かとう・たいぞう）

1938年、東京に生まれる。東京大学教養学部教養学科を卒業、同大学院社会学研究科修士課程を修了。早稲田大学名誉教授、ハーバード大学ライシャワー研究所客員研究員、日本精神衛生学会顧問。ラジオ（ニッポン放送系列）のテレフォン人生相談のパーソナリティを40年以上つとめている。
著書には『逆境に弱い人、逆境に強い人』『対象喪失の乗りこえ方』『自信と劣等感の心理学』（以上、大和書房）、『悩まずにはいられない人』（PHP研究所）、『あの人はなぜ、ささいなことで怒りだすのか』（青春出版社）、『嫌いなのに離れられない人』（朝日新聞出版）、『自分をいちばん幸せにする生き方』（三笠書房）など多数ある。
［ホームページ］
http://www.katotaizo.com/